演说心理学
Presentation Psychology

让你更有吸引力、说服力和影响力的21条规则

孙滋 佘啸 黄璜 王琳 著

修订版

经济管理出版社

图书在版编目（CIP）数据

演说心理学/孙彦等著.—北京：经济管理出版社，2018.6
ISBN 978-7-5096-5842-0

Ⅰ.①演… Ⅱ.①孙… Ⅲ.①演讲—心理学 Ⅳ.①H019

中国版本图书馆 CIP 数据核字（2018）第 133491 号

组稿编辑：何　蒂
责任编辑：何　蒂
责任印制：黄章平
责任校对：董杉珊

出版发行：经济管理出版社
　　　　　（北京市海淀区北蜂窝 8 号中雅大厦 A 座 11 层　100038）
网　　址：www.E-mp.com.cn
电　　话：（010）51915602
印　　刷：北京金康利印刷有限公司
经　　销：新华书店
开　　本：720mm×1000mm/16
印　　张：15.75
字　　数：273 千字
版　　次：2018 年 6 月第 1 版　2018 年 6 月第 1 次印刷
书　　号：ISBN 978-7-5096-5842-0
定　　价：45.00 元

·版权所有　翻印必究·
凡购本社图书，如有印装错误，由本社读者服务部负责调换。
联系地址：北京阜外月坛北小街 2 号
电话：（010）68022974　邮编：100836

献给我的家人

父亲教会我正直
母亲塑造我完美
太太给予我宽容
孩子协助我成熟

还有我的团队
你们让我能实现更伟大的梦想!

修订版序言：这些年的变与不变

本书自 2012 年出版至今已有六年，在过去这也许是短短数载，但是从商业与科技的视角，生活已然发生了翻天覆地的变化，再次翻看自己的作品，有些地方显得稚嫩而疏远。

一、变化是威胁还是机遇

本书的宣传阵地已从当年的微博，转战微信公众号和短视频平台。2011 年 1 月 21 日腾讯推出了微信，到 2016 年已覆盖中国 94% 以上的智能手机，月活跃用户达到 8.06 亿，覆盖 200 多个国家和地区、超过 20 种语言，微信支付用户数量则达到了 4 亿左右。

始于 2013 年的短视频，到 2016 年形成燎原之势，2017 年成了资本竞相角逐的风口，艾媒咨询权威发布的《中国短视频研究报告》显示，2017 年移动短视频用户规模已达到 2.42 亿人，增长率为 58.2%，并预测 2018 年该数字将突破 3.53 亿人。

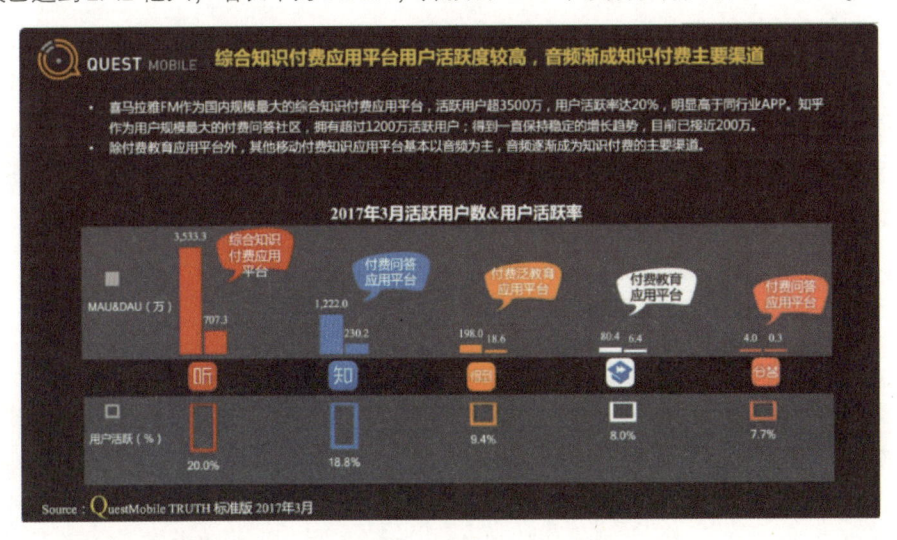

移动互联网的飞速发展，在改变工作和生活的同时，还影响着我们汲取知识的方式。从传统的学校教育、线下培训到线上音频、学习APP等，越来越多的人愿意为知识付费。

知识付费的形态是"轻"知识，如几分钟一篇的系列音频、文章，能利用碎片化时间接收，内容主要是干货、经验分享，行业简短分析等。这种模式符合了现代白领生活节奏快，需要短时间吸收知识，快速成长的心理需求，而这种心理需求的背后蕴藏着人们普遍的焦虑感。从2016年阿尔法狗大战韩国棋手李世石，到2017年全球移动互联网大会上，科技巨人霍金对话GMIC，人工智能受到了空前的关注，人工智能的发展可以改善人们的生活质量，但也会带来一系列的变革，一些职位面临着被取代的危机。在这种不确定的压力下，人们总想去抓取些什么，来保持和提升自己的核心竞争力。

丹尼尔·平克在《全新思维》中提到："全球化使白领工作遍布海外，强大的技术将某些工作清除殆尽。当前，我们正从信息时代走向概念时代，而未来的职业成就和个人满足将越来越多地取决于这'六大必备能力'：设计感、故事力、交响力、共情力、娱乐感与意义感。"

在这样一个VUCA时代，演说也许可以成为你立足、发展甚至取得成功的核心竞争力。如今信息被无限制造，能够清晰简洁地表达自己的观点、快速抓住受众注意，能让自己赢得更多的机会，传播价值、达成合作、凝聚人心、提升士气、整合资源、消除隔阂，在知识付费崛起的浪潮中，还能将自己的知识、经验甚至生活的片段归纳整合，利用成熟的平台快速低成本地制作成产品。

古人云："一言之辩，重于九鼎之宝；三寸之舌，强于百万之师。"古有毛遂自荐，助平原君去楚国谈判成功，不费一兵一卒；张仪游说诸国，以横破纵，各国由合纵抗秦转为连横亲秦。今有乔布斯苹果发布会，演说设计引爆全场，产品概念深入人心；马东的"奇葩说"，多元价值观点、奇葩演说引发点击量破亿，受到众多粉丝追捧。能说会道的家伙，默默地改变了整个世界。

二、不变的是人性

以上短短数百字，仿佛描述了一个风云变幻、深不可测的世界。然而回顾本书中的21条规则，却无处着手修改。并非是我多么有远见，而是因为人性——相比几百万年的人类进化史，这短短数十年的科技进步，实在难以撼动永恒的人性；数千年的中外历史，各种故事总在重复着人性的光辉或弱点。

演说能否达成效果，能否影响你的听众甚至是改变这个世界，不只是因为你的辞藻多么优美、引经据典，不只是因为你幻灯片多么漂亮、动画酷炫，也不只是因为你的外表多么出众、服饰高贵——当然，就像我在书中不同章节写的，以上这些本身都很重要，然而，核心是"人性"，能否站在听众的人性角度设计你演说的出发点、逻辑、形式和各种细节。这是我最希望通过本书能向你传达的信息。

三、修订说明

2018年春节前后，我和我的团队对本书做了修订，很高兴这次有更多人加入这个话题的讨论和工作。修订主要着力在两个方面：

（1）素材更新

在文字表达、案例素材、应用技巧和某些手绘插图上，做了符合时代变化的更新。

（2）结构再造

为了让你的阅读和理解更加清晰顺畅，我们将本书的结构划分为 WHY、WHAT、HOW 三个主体部分，另外加上 TRY 和 PRACTICE 这两个以前没有的内容。

WHY——为什么，即这条规则是基于怎样的演说痛点；

WHAT——是什么，即这条规则背后的心理学或其他领域的相关原理和概念；

HOW——怎么做，即这条规则在实际演说应用中的具体方法与技巧；

TRY——尝试，即我们为这条规则配的练习题，帮助你消化、理解和实践；

PRACTICE——实践，在某些规则后面，有我培养的学生在学习这本书或我的培训后，如何应用于实际工作中的案例。

最后，跟这些年来鼓励我修订和再版的朋友、客户和学员打声招呼——让你们久等了！之前第一版很早就卖断货，以至于我将近两年时间都感觉亏欠大家。今天，《演说心理学》（修订版）终于和大家见面了，希望你们喜欢！

2018年3月9日

前言：演说是一门心理学

演说的关键不是"说"，而是"听"

我从小就对心理学感兴趣。在接受系统的心理学教育前，有一次听了一场关于"教育心理学"的讲座，演讲者是某大学的教授。令我印象深刻的并非讲座的内容，而是在将近大半的时间里，我都在呼呼大睡。当时睡觉的并非我一个人，这让我的内疚感减轻了不少。

对于自己的"坏学生"行为，我倒并不太在意。然而让我感叹的是，一位讲"教育心理学"的老师，在自己讲课的时候竟然让学生睡着了，这是怎样的一种意味呢？后来每次想到这件事，又会对那位教授心怀歉意——我想她是真的在全力以赴地传授知识，只不过她用的方法，还是当年她的老师所用的方法而已。

演说绝不是仅仅关于"说"的学问。当我们把注意力放在"说"上面，便局限于自己的世界里。

演说者真正应当关注的是：听众如何"听"！

演说的目的

演说是为了改变听众。

001

不管你是在——
- 向会场里的新老客户介绍你公司的新产品；
- 对下属进行业务培训；
- 年终向领导述职；
- 向投资人汇报上市计划；
- 对选民发表观点；
- 或者只是在餐桌上讲一个笑话。

改变听众的思想

改变听众的行为

演说的目的

向听众介绍产品是为了让他们产生购买行为，或者让他们对你的企业和产品建立良好的印象，苹果每一次新产品的热卖，都与乔布斯的演说密不可分；对下属的培训或讲话，是希望他们的工作行为或工作态度得以改善；向领导述职则是为了提升自己在对方心中的好感，进而对职业的发展和收入的提升带来直接或间接的影响；上市路演是为了吸引投资；竞选演说是为了获得更多的投票；哪怕只是餐桌上的一个笑话，也是希望你的听众能够快乐。

那么，如何才能更有效地改变你的听众呢？

演说的对象

要有效地改变听众，先要弄清一个问题：演说的对象是谁？

听众？！

这不能算是一个错误的回答。如果从心理学的角度来看，确切地说，演说的对象是—— 听众的大脑！

大脑掌管我们的思维、情感甚至是我们的生命。当我们对大脑有更多的了解，就能更有效地改变听众，而不仅仅是根据自己的感觉在演说。

> 它并不比一个西柚大多少。也许比一棵生菜还小些，它通常不到 3 英镑重，但它比世界上最强大的电脑还要强几千倍。在万亿个脑细胞中，可能有1000亿个是活跃的神经细胞。每个神经细胞可以与其他细胞构成多至2万个连接。[1]

演说与心理学

心理学是了解大脑最重要的学科之一。

虽然心理学并没有特别针对演说的研究分支，然而其大部分的研究领域都为演说能力的发展提供了大量的理论、实验和数据。

认知心理学：揭示了听众接受和加工演说内容的过程，包括他们会被怎样的信息吸引、如何记忆、个人特点如何影响他们对演说的理解等。

人格心理学：听众千差万别，对于同样的演说，不同的听众会有不同的反应。另外，我们应当发展出适合自己个性特点的演说风格。

社会心理学：提示了听众作为群体中的一员如何受他人的影响，而表现出单独时不会做的行为。并告诉我们如何控场、获得听众信任和喜欢，以及如何说服和影响听众的策略。

实验心理学：让我们更具科学头脑。听众经常将演说者视为权威，因此我们的一言一行都会对听众产生巨大影响，我们有责任传递科学的观点和信息。

发展心理学：了解不同年龄段的听众，分别具有怎样的心理特点。如果你的听众年龄跨度大，尤其是作教育类演说，或为儿童、老人等与自己年龄差距大的听众进行演说时，这些知识对你很重要。

基础心理学的五大领域都和演说息息相关

003

除了基础心理学，一些应用心理学领域，比如临床心理学、组织心理学等，以及最近几年比较流行的积极心理学和进化心理学，则为演说提供了新鲜的视野、内容、证据和素材。

演说的心理过程

演说究竟是如何改变听众的？听众在听演说时的心理过程是怎样的？演说的效果受哪些因素影响？

在我的研究和实践经验中发现，演说效果涉及个体认知和环境交互两个因素的影响。

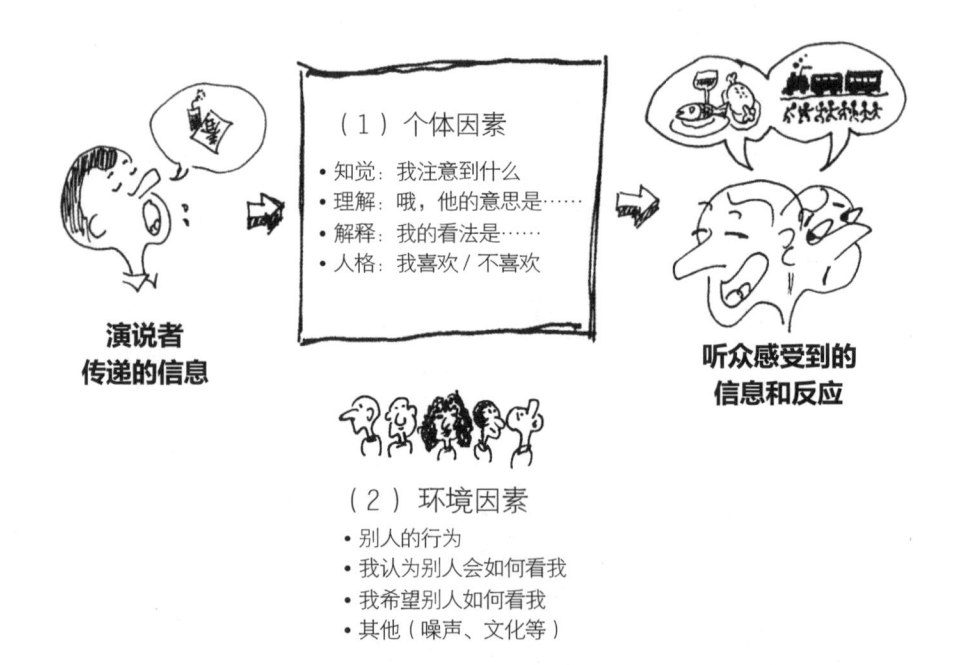

演说者传递的信息 ➡

（1）个体因素
- 知觉：我注意到什么
- 理解：哦，他的意思是……
- 解释：我的看法是……
- 人格：我喜欢/不喜欢

➡ **听众感受到的信息和反应**

（2）环境因素
- 别人的行为
- 我认为别人会如何看我
- 我希望别人如何看我
- 其他（噪声、文化等）

演说的效果和你的意图无关，只与听众的感知有关。千万不要以为听众头脑中出现的画面和你的一模一样。因为先天遗传和后天经历的影响，每个人都有独特的思维方式、信念和价值观，这些都会让他们以自己的方式解读你的演说内容。同时，人是群居动物，我们的行为还受环境中其他人的影响。

本书的目的就是帮助你揭开听众头脑中的暗箱，并了解他们如何受环境影响的规律，以及运用这些规律达成演说的目的。

　　心理学是一门既让人感兴趣，又让人害怕的学科。感兴趣是因为人们都对自己和别人的心理活动充满好奇。害怕是因为担心自己的心事被别人看穿。作为心理学工作者，我被问到最多的问题是："那好，你告诉我现在我正在想什么！"这其实是对心理学的"妖魔化"。心理学对人的了解都是建立在具有科学方法的实验和研究上的。

　　值得鼓舞的是，越来越多的人开始了解心理学，我也被越来越多的企业邀请，为他们的管理者或员工作应用心理学方面的演说和培训。本书将与大家分享我12年的演说经验，以及8年基于心理学的演说研究。这些内容都是建立在科学的理论研究基础上的，并经过了我自己的实践和验证的。

　　想要了解更多关于演说心理学的最新分享，欢迎扫描下方的二维码，观看原创短视频《演·计》，给正能量的传播插上翅膀！

孙　彦
2012年1月22日，上海

目录 Contents

吸引力篇 Attractive

规则1	利益	听众要的不是演说，是对他们的好处	003
[实践] 我调研学员需求的三个方法（倪淑清）			013
规则2	有趣	人们都在寻求多巴胺的释放	015
规则3	熟悉	与听众产生共鸣	033
规则4	新奇	拉响听众注意力的警报	043
规则5	故事	我们在别人的世界找到自己	050
规则6	互动	人们都渴望成为主角	060
规则7	视觉化	你的大脑看了200万年	070
[实践] 我如何教留学生做一个有效的行李挂牌（黄璜）			081

说服力篇 Persuasive

规则 8	权威	社会说服与专业沉淀	085
规则 9	专业	行为说服与职业风范	094
规则 10	一致	示范说服与自我运用	109
[实践] 如何利用启动会赢得医护的尊重和配合（王琳）			116
规则 11	证据	中心说服与持久改变	118
规则 12	简明	外围说服与快速决策	126
[实践] 如何在竞标中打动评委（张晓萌）			133
规则 13	情感	感性说服与情绪本能	135
规则 14	真诚	不欲说服是最强大的说服力	144

影响力篇 Influential

规则 15	开场	管理好你的第一印象	155
[实践] 伸钩子引你来 开场真的那么重要（郑颖）			164
规则 16	语言	怎么说比说什么重要	166
规则 17	非语言	你的身体会说话	174
规则 18	空间	物理环境对身心感受的暗示作用	187
规则 19	时间	演说中的时间管理	199
规则 20	风格	乔布斯的演说你永远学不来	211
规则 21	成长	演说的关键不是技巧，是你	219
[实践] 人人都是演说高手（佘啸）			229

参考文献	231
修订后记	235

吸引力篇
Attractive

规则 1　利益

听众要的不是演说，是对他们的好处

WHAT　痛点与问题

为何我的激情听众永远不懂

　　演说者都希望带给听众精彩的分享。我们认真准备内容，对着镜子反复排练，穿着隆重的正装，早早地到达现场；我们激情洋溢，似乎想把自己知道的所有东西都告诉听众，甚至讲得口干舌燥、挥汗如雨。

　　遗憾的是，听众并不一定会买账。当我们说得唾沫横飞的时候，也许有的听众在看报纸、有的在用手机刷新微博、有的望着窗外若有所思、有的则已发出轻轻的鼾声……

　　为什么会这样呢？

> 努力并不一定会带来良好的效果，如果你的努力是错误的话……

自恋

有个美丽的古希腊神话：美少年那耳喀索斯（Narcissus）在水中看见自己的倒影，便深深地爱上了自己，无法从池塘边离开，终于憔悴而死，变成了水仙花。后来，心理学家和精神分析家用该词来命名"自恋"(Narcissism)的概念，即一个人爱上自己的现象。恰当的自恋是健康的，于是我们都会：

- 关注自身的利益；
- 认为自己是对的；
- 认为自己是重要的等。

No. 数字

在2002年的《心理学摘要》中，有10343本书和文章的摘要中出现了"自我"这个词——这是1970年的7倍。[2]

所以，演说者也会自恋。于是我们就会看到：

在一场三小时的讲座中，演说者花了45分钟在作自我介绍；

医生在向一群普通听众宣传急救知识的时候，专业术语连篇；

技术人员面对客户，努力地在阐明某项技术的原理。

我们却忘记了：听众也是自恋的！

用鱼爱吃的钓鱼，而不是你爱吃的

上海人吃得精致、东北人吃得豪爽；四川人爱吃火锅、广东人爱喝汤。不管你爱吃什么，都决不会用宫保鸡丁或上汤菠菜去钓鱼。钓鱼，全世界的人只用一种东西——鱼饵。不同的鱼所用的鱼饵配料可能会有所不同，但一样是不变的，那就是用鱼爱吃的东西做鱼饵。这些似乎是人人都知道的、再简单不过的道理。

可是，当我们在演说时，却把这个道理忘记得干干净净。若把演说比作钓鱼，那么大部分的人都在：

用自己爱吃的菜来钓鱼！

听众要听什么？ 与听众换位思考

请回忆或想象一场你以听众身份参加的演说，在整个过程中你对什么比较感兴趣？请在下面的清单中打"√"：

- ☐ 完善的理论框架
- ☐ 专业的知识体系
- ☐ 某个概念的科学定义
- ☐ 演说者有多优秀
- ☐ 他的领带是否好看

- ☐ 对我有什么好处
- ☐ 能帮我解决问题吗
- ☐ 给我具体的技巧和方法
- ☐ 会不会有趣
- ☐ 会场的温度是否舒适

⬇ 演说者中心　　　　　　⬇ 听众中心

假如我没有猜错的话，右边的"√"会比左边的多吧。是的，左边的内容往往是演说者热衷的问题，而听众则更关心右边的内容，即：

——这场演说对我有什么好处？

这就是人性！人性中天生就有自利。首先考虑自己的利益，是我们的祖先在两百万年的进化中，为了应对恶劣环境，让自己和家人能够生存下来的重要原则，并且写入了我们的基因里。我们可以和任何东西作对，但千万别和人性作对。人性是人类思维和行为的自然规律，违反自然规律的代价是巨大的。

> 演说的第一条规则：
> **关注听众的利益**

规则1 | **利益**：听众要的不是演说，是对他们的好处

演说者
- 完善的理论
- 丰富的知识
- 我的优点

"这帮家伙不求上进！"
"我吃力不讨好！"

听众
- 为何要听
- 有何好处
- 方法和技巧

隔阂

"没意思！"
"和我没关系。"
"困死了，睡觉算了！"

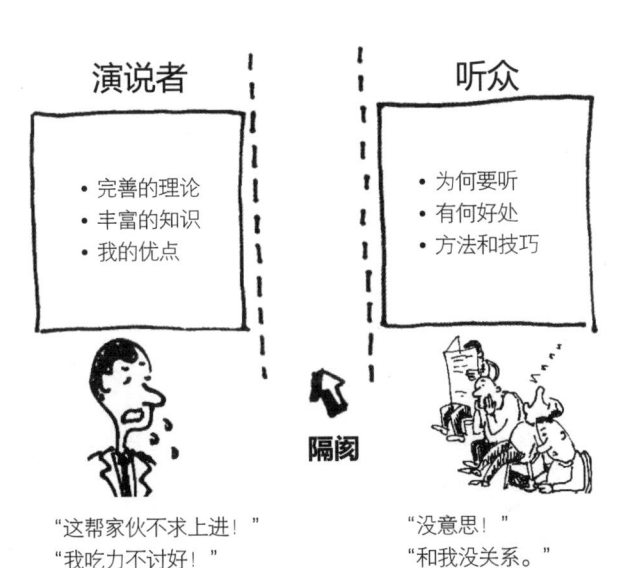

大部分演说者对听众关注太少，想要表达的往往是：

- 我擅长讲的东西；
- 我认为对的东西；
- 我感兴趣的东西；
- 我和公司的优点。

遗憾的是，听众完全不感兴趣！

于是，演说者和听众的隔阂产生，一场缺乏共鸣的演说在所难免。

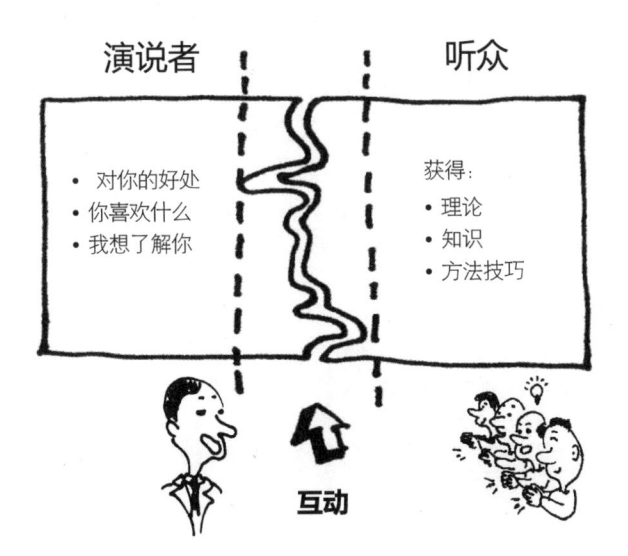

演说者
- 对你的好处
- 你喜欢什么
- 我想了解你

听众
获得：
- 理论
- 知识
- 方法技巧

互动

如果演说者能转换注意的焦点，**和听众换位思考，从听众的立场来设计演说**，就能更好地吸引听众，拉近与听众的距离，进而产生共鸣、交流和更多的互动。只有这样，听众才能更好地吸收我们希望他们听的内容。

演说前了解听众的6个问题

听众的基本信息
听众为何要来听这次演说
听众遇到怎样的问题
听众对这些问题的看法
听众希望听什么
为什么现在办这次演说

演说者要了解听众的利益，可以在准备演说内容时，问自己下面的6个问题：

（1）听众的基本信息

包括听众的人数、性别结构、年龄结构、所属行业、工作性质、教育背景等。这些信息对你决定选用怎样的演说内容、案例、表达风格甚至会场布置等，都是很重要的参考依据。

例如讲"情商"，对普通员工和管理者，在内容上就有很大的区别。

（2）听众为何要来听这次演说

我们的世界是一个系统，世间的万物有密切的联系。问这个问题是为了了解这次演说的背景，例如：演说可能作为商业活动中的一个环节，目的是对某产品的推广起到促进作用；或者是处在危机中的企业，演说目的是提升团队士气；也可能是源自年终一笔尚未花掉的预算，目的是让员工在获得知识提升工作绩效的同时，又能轻松快乐些。

了解背景能让我们更准确地设计演说目标（用何种态度和方法?），选用素材案例（避免群体内的敏感话题），确定呈现的基调（严谨? 轻松?），以免犯下重大的失误。

（3）听众遇到怎样的问题

听众往往是带着问题和需求来听一场演说的，人们的意识或潜意识一直在寻找解决这些问题的答案。

若我们能清楚地了解听众的问题，并收集相关的素材案例，在演说中呈现出来，会让听众发现我们是理解他们的，因此他们会回馈更多的信任。

（4）听众对这些问题的看法

不仅要了解问题，更要了解听众对问题的看法。因为造成困扰和情绪的除了问题本身，还有人们对问题的态度、想法和价值观。了解这些，对我们把握问题的表达方式，展现演说者的态度至关重要，避免在一开始因为观念上的冲突，而引起听众对我们的反感。

调查这点的时候，建议你要多从不同角度去了解。因为人的态度是主观的，而且一定会从自己的理解和立场来表达，因此单方面的信息往往会不客观。一般你可以从演说组织者和听众两个方面来了解，别全信组织者，也别全信听众，而要综合判断。

有一次，某大型央企的工会要我去作一次讲座，主题是"压力管理"。在和工会负责人沟通中，他提到员工很不开心，他认为根源是工作压力大。然后我又要求和部分听众交流，得到的反馈却完全不同，员工承认他们不开心，但不是因为压力大，而是缺乏成就感，因为他们每天都重复做一样的事情，完全没有压力，却不快乐。最后我们把主题确定为"如何获得职场幸福感"。

（5）听众希望听什么

不要以为了解问题就可以了，面对同样的问题，每个人都期待不同的答案和帮助。同样是压力应对，有的人想要知道如何避免压力，有的人想要知道如何提升能力，而有的人想要知道跳槽的技巧。

如果你只能问一个问题，那就是："你们要听什么？"

（6）为什么现在办这次演说

这是一个很奇妙的备用问题。我的职业生涯中作过不下数千场演说，其中60%~70%是给企业作组织心理学的培训。在这十几年培训生涯中，我发现所有客户的要求往往不会超过5种主题，除非你深入地追问。

客户的要求99%属于下列内容中的一个：

- 提高管理能力；
- 提升沟通技巧；
- 掌握情绪管理方法；
- 给员工减压；
- 或者是点名要我的"演说心理学"。

这就是二八定律。问题就集中在这几个方面，需求比例占到80%甚至更高。这时我们就需要运用提问的技巧，去挖掘企业的独特性和问题的关键。

当没有从上面第二、第三、第四个问题中得到我想要的答案时，我就会问"为什么现在办这次演说"。这个问题往往容易引发关于企业的背景、遇到的主要问题和时效性等信息，甚至过去积累的问题也有可能被挖掘出来。

规则1 | **利益**：听众要的不是演说，是对他们的好处

演说前向听众调研的 5 种形式

(1) 面谈调研

即随机选择若干听众，提前进行面对面交流，这是获得信息最准确、量最大的方式。

面谈又分 2 种：小组座谈会和一对一沟通。前者节约时间，但可能因人际关系影响，让人们不愿当着别人的面说出自己的心里话。

面谈的形式对演说者的沟通能力要求很高。

(2) 电话调研

为了节约演说者和听众的时间，电话沟通是另一种更便捷的形式。存在的问题是：和面对面调研相比，信息会有所丢失，比如对方说话时的表情、肢体语言等，而这些非语言沟通往往更能透露真实的信息。

(3) 问卷调研

如果双方难以凑出时间进行直接沟通，那么问卷的方式可让听众在方便的时候表达自己的想法。由于是单向沟通，对问卷的设计和语言组织要求较高。

(4) 网络调研

如果由于时间和精力的限制没有办法提前进行交流，就要自己做些功课，可以通过网络来搜索关键词，对听众和听众可能感兴趣的主题进行一些研究。

(5) 现场调研

另外，还可以提早到达现场，与早到的听众沟通一下，这样做除了可以获得你要的信息，还能建立听众对你的好感。当然这很考验演说者的现场调研能力。

011

TRY 尝试与练习

地理老师的第一堂课

　　很多同学在读书时，都把精力放在了语数英等主科上，除非有特别的兴趣，否则往往不太在意副科，比如生物、地理或美术等。假设你是一位地理老师，明天就要给初中生讲第一堂课，你会如何吸引学生们的注意和兴趣，让他们积极投入到学习中呢？请你尝试联系日常生活，列出5个以上为什么要积极学习地理课的理由。

_____

_____

_____

_____

_____

规则1 ｜ 利益：听众要的不是演说，是对他们的好处

PRACTICE 实践

倪淑清

AHa 幸福学院 2016 级门徒、毕生发展与亲子关系专业合伙顾问

生涯发展咨询师

相信每个人都可以用有限的生命实现无限的可能

我调研学员需求的三个方法

你一定没有想到我曾经是一名 IT 工程师，因为在工作过程中慢慢接触了心理学，由此一发不可收拾，最后发展到了毅然决然辞去工程师工作，认真学习、潜心研究心理学，并致力成为一名优秀的职业生涯规划讲师。

我上台的"第一次"贡献给了"生涯角色的平衡"的一场演说。在课堂上，我自信满满地把所学的知识点和案例一字不差地演绎完成。显然我认为这样理论和案例的融会贯通并不会让课程整体效果差到哪里去。然而到如今我依稀记得，当时好像就是我一个人在台上唠叨，台下很多学员在刷手机、聊 QQ，偶尔也有人时不时能抬起头来看我几眼，而那样的眼神仿佛在告诉我"嗯，老师，我可正听着呢……"其实呢，你懂的。

结束后，我开始反思当时学员为什么会有那样的表现。是我的课程内容不够好呢，还是因为我的呈现不够有吸引力呢？在 2015 年 6 月加入孙老师的"金课金讲"系列课程后，我才知道，无论是做什么样的演讲，首先要考虑的是受众和他们的需求，也就是这门课是要讲给谁听，这些人他们最想听到的是什么内容。

就如孙老师常说的——**用鱼爱吃的钓鱼，而不是你爱吃的！**

调研不光要有量，还得有质

在 AHa 幸福学院两年的深造，让我对课前调研有了完全不同的理解。2017 年我参加了"学习体验与呈现艺术"专业的读书计划，在研读《IDEO，设计改变一切》一书以及实践督导的过程中，我慢慢接触并实践了很多的调研方法，还和小组成员用这些方法产出了产品原型，让我体验到创新的思维不仅只是为了颠覆我们所固有的观念，更是让固有的行为得以改变。

我觉得学以致用一直是学习的主要目的之一。去年参加了 AHa 幸福学院为企业开发课程的项目，并开发了主题为"适应变化"的课程。借助之前读书计划中学到的方法技巧，我前后花了约 2 周的时间，对 60 多名企业员工做了不同类型的调研，去了解这些数据背后所蕴含的信息，让自己融入到访谈对象所处的环境中观察和倾听。这次调研过程，不仅让我的课程内容更接地气，也丰富了演绎过程中的案例，让学员感受到"这老师说的都是和我自己息息相关的事儿啊"。

最后，和大家分享一下这次调研中我选用的三种方式：

一是电子问卷。这是很多老师都会用的方法，当调研人数众多、希望获得定量研究数据时可以选择此方法。我的经验是问卷要设计得简单，以降低答题成本。题型以选择题为主，开放式问题不多于两道，否则会让学员产生阻抗和厌烦的心理。另外语言要"说人话"，避免过多专业术语以致带给听众生硬的感觉。问卷主要为我提供了大量数据，使课程更有说服力。还有个小经验，就是利用微信中的一些问卷类应用，方便学员在手机中快速答题。

二是用电话采访故事。与学员的对话，可以了解更具体、活化的信息。很多对话访谈，往往会问学员抽象的、概念化的问题，这会让对方用头脑回答；而我学到的技巧则是让对方说一个相关的故事，这样就可以洞察具体的行为、想法及鲜活的背景信息。

三是田野观察。这是人类学研究的重要方法，在企业的实际工作环境中，不打扰人们的正常工作，就像"墙上的一只苍蝇"，默默地观察人们的行为模式与对话，会获得意外的发现。

我的启示：前期调研是一场演说能否吸引到学员的基石，它会让整场演说更容易触动学员的内心，并让他们更积极主动地参与进来，产生"哇哦！这就是我要听的！"这样的感受。最后借用孙老师经常唠叨的话——"演说不只是说我们要说的，更是说听众想要听的。"

规则 2　**有趣**

人们都在寻求多巴胺的释放

WHAT
痛点与问题

No. 数字

- 2011 年中国网游市场规模 468.5 亿元，同比增长 34.4%[1]；
- 2011 年全国电影票房 131.15 亿元，同比增长 28.93%[2]；
- 2011 年，在播出量没有明显增长的情况下，综艺节目人均收视量为 6630 分钟，同比增长 10.1%[3]；
- 尽管城市家庭只有 1~2 个子女，然而大部分人依然保持频繁的性生活，66.4% 的男性和 65.2% 的女性每周都有至少一次[4]；
- 对吸烟危害最清楚的是医生，但中国男医生的吸烟率达 40.7%[5]。

---

[1] 资料来源：中国文化部发布的《2011 中国网络游戏市场年度报告》。
[2] 资料来源：国家广电总局电影局局长童刚在 2012 年一月电影局新闻通气会上的发言。
[3] 资料来源：央视—索福瑞媒介研究有限公司网站。
[4] 资料来源：2010 年 7 月《男士健康》针对 100 万国人的性生活调研报告，调研对象包括单身离异，以 20~40 岁为主。
[5] 资料来源：科学松鼠会，《为什么医生也吸烟》，作者：箫汲。

人们都追逐快乐

游戏、电影、电视、性和烟草,都能给人们带来快乐,而娱乐和烟草也是最赚钱的行业。上一页的数字映射出的是:**人类的另一种天性——追求快乐。**

当美国学者尼尔·波兹曼哀悼着"娱乐至死"的当代文化,当人们谈论着"限娱令"的是非,其背后却反映了成百上千年被压抑的人性。贺岁片、赵本山、开心网、微博、中国达人秀……娱乐精神已渗透到社会生活的各个角落。心理学的研究也发现,积极情绪能够促使T细胞对病毒抗原的增殖反应更明显,增强人体免疫系统的功能。

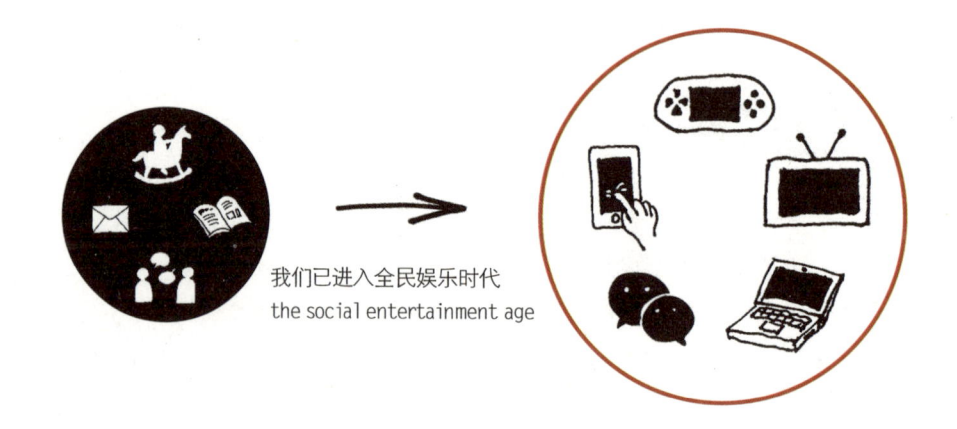

我们已进入全民娱乐时代
the social entertainment age

在诸多情感中,人们最渴望体验的就是快乐。大部分人忍受工作的压力,是为换取获得快乐的资本。放下工作人们就开始寻找令自己快乐的事情,我们的祝福往往是:生日快乐、新年快乐。

一项对178位修女的研究发现,快乐幸福的修女90%年过85岁依然活着,而不快乐幸福的修女只有34%在世;快乐幸福的修女到94岁仍有34%在世,而不快乐幸福的修女只有11%[3]。看来快乐与长寿也有密切的关联。

我们甚至甘愿成为快乐的奴隶,为了短暂地拥有它,我们会做出错误而愚蠢的事情,例如酗酒、抽烟和吸毒。尽管它们长期来看会带来不快乐。

規則 2 | **有趣**：人们都在寻求多巴胺的释放

WHY
心理现象与概念

多巴胺

快乐的本质

快乐是什么？我们为何能品尝爱情的甜蜜、运动的兴奋、对美食上瘾？所有的这一切和我们大脑中的一种神经递质有关，这个神奇的物质叫作"多巴胺"（Dopamine）。没有它，我们会得抑郁症、失去控制肌肉的能力甚至患上帕金森病。

人是如何体验到快乐的？

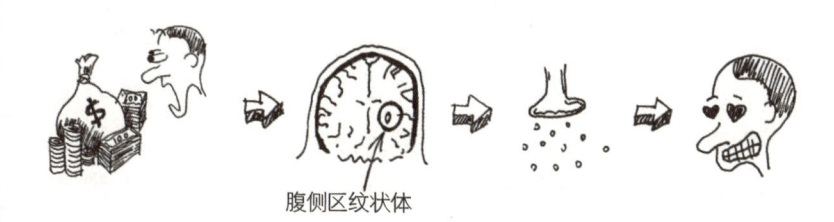

外界刺激 → 大脑的奖赏中心被激活（腹侧区纹状体）→ 分泌多巴胺 → 体验到快乐和兴奋

所以快乐的本质，是一种化学反应。

"纯粹从化学角度出发，人类获得任何一种愉悦的体验，无论是听一段音乐、与爱人拥抱或是品尝美味的巧克力，都是多巴胺瞬间大量释放的结果，就像一场焰火，绚丽而短暂。"

——《时代》杂志（TIME Magazine）

《时代》杂志的这段话告诉我们两点：
一是人们终其一生都在寻找多巴胺的释放。
二是多巴胺的活动周期是短暂的，以分钟计算，而不是月份。

在演说的第一个十分钟里，听众已经会对演说作出评价："嗯，挺有趣的。"或者是"哎，有点无聊。"所以听众会听得聚精会神，还是看报、睡觉，取决于我们能否在一开始就让他们觉得有趣。

演说的第二条规则：
让听众感到有趣

我在 2011 年对 115 名企业职员做了一个小范围的调研，我的问题是——你喜欢怎样的演说者？得分最高的一项是：**幽默**。

民国早年，林语堂在《晨报》上撰文将英文"humour"一词半音译为幽默，指使人感到好笑、高兴、滑稽的行为举动或语言，相当于风趣；幽默感则是运用或者理解幽默的能力。[1] 艺术家通过影视、曲艺和绘画等形式表现幽默；日常生活中人们也会灵光乍现，用幽默的语言或表情，创造快乐的氛围或应对挫折与困难。

然而，很少有人系统地研究幽默技术。

---

[1] 资料来源：维基百科（中文），词条"幽默"。

运用幽默的原则

看似不经意的幽默，要实现良好的效果，其实需要精心地设计。

首先要研究你的听众：

①听众的年龄、性别、教育背景、从事的行业和职位等；

②听众里是否有特殊的人群，比如少数民族、特别的宗教信仰等；

③当我们在外地甚至外国做演说，尤其要提前做功课，对当地的社会习俗与民族文化做一番调查。

了解了听众，才能选择合适的幽默。

其次，让幽默为演说服务，而不是为了幽默而幽默。在选择一个幽默素材的时候，不妨先在心里问自己下面的8个问题：

①听众听到过它吗？

②听众能听得懂吗？

③它好笑吗？

④它适合这个场合吗？

⑤它符合我的个人风格吗？

⑥它与演说主题相关度强吗？

⑦它会让某些听众不舒服吗？

⑧它有品位吗？

若上述任何一个问题存在疑问，为了保险起见，还是把它收起来吧，否则非但不能引发笑点，还会让自己显得像一个笑话。

接下来，我将与你分享9个幽默的技巧。

幽默的技巧1：夸张

夸张就是将某些事物的特点，以超过常理的方式表现出来。

运用夸张技巧可以达到两个目的：

①强调和突出要点，给听众留下深刻印象；

②让听众感觉非常有趣。

中国传统相声、小品，包括现在很火爆的"海派清口"，运用最多的技巧就是夸张。在我的《演说心理学》线下课程中，会提到一个观念：信息化促使我们提高演说的呈现技巧。在幻灯片中我使用了大量的图片来说明生活中充斥的各种信息，包括各种户外广告、车厢广告、飞艇广告等，而最后我用了夸张的图片，即一扇被贴满黑广告的铁门（见下图）。其实听众都知道，这估计是一套新建成还没有被卖出去的房子，但仍然生动地说明了信息化的现实，同时引发了听众的阵阵笑声。

幽默的技巧2：意外

用听众意想不到的方式展现你的内容。

最经典的莫过于2008年的 MacWorld 大会上，乔布斯推出 MacBook 系列的第三款产品——MacBook Air 所使用的手法。

规则2 | 有趣：人们都在寻求多巴胺的释放

① "什么是 MacBook Air？它是世界上最薄的电脑。"硕大的投影屏幕上，出现了一只普通的牛皮纸信封。"它薄得足以放进世界上任意一只信封……"

② "现在，让我展示给你们看。"他居然真的拿出一只信封……

③ 然后缓缓地将信封上的绳子解开，从里面取出电脑。

④ "这就是最新的 MacBook Air，你们可以看到它有多薄！"

021

这是我见过最震撼、最恰到好处，同时也最自然、成本最低的一场产品演示。几乎可以这么说，乔布斯的每次产品介绍，都带给人们意外和震惊。

我经常用的方法，是通过与听众的问答来制造意外的效果。我会先向听众提问，在听众给出各种不同的回答后，我再说出一个出人意料的答案。

例如《心理学在管理中的应用》课程，我和学员讨论关于人的非理性行为，过程中我会提出一个看似答案很明确的问题："你觉得你的幸福感和你的收入有关系吗？"听众往往异口同声地回答"有""当然有""关系很大"。等大家安静下来，我就郑重其事地宣布："从心理学的角度看，我们的幸福感和我们的收入一点关系都没有……"说到这里我会稍作停顿，因为我知道这个时候大家心里的疑惑和好奇开始萌动了，然后我公布答案："我们的幸福感只和我们同事的收入有关。"一般在1.5秒左右，听众会爆发出会心的笑声。

规则 2 | **有趣**：人们都在寻求多巴胺的释放

幽默的技巧 3： 强烈对比

展现两个对比强烈、反差巨大的事物，往往能带来相当有趣的效果。我们来看哈佛大学的心理学教授丹尼尔·吉尔伯特（Daniel Gilbert，见图①）在 TED 大会上，如何运用对比向听众证明：我们的大脑经常作出错误的预期。

他首先问观众："未来可能发生两种情况，一是中了乐透大奖，一是遇到车祸下半身截瘫，你会选择哪种？"这是种强烈的对比和明显的答案，让观众哈哈大笑（见图②）。

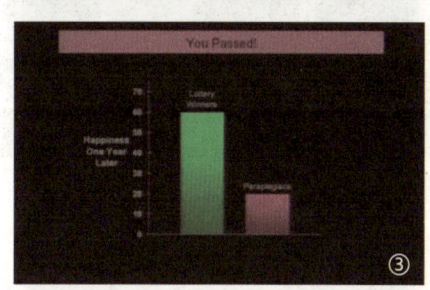

他又问："你们觉得这两个人在一年后谁会更快乐呢？"不等观众回答，他说："我们的头脑一定会出现这样的图，即中奖的人的快乐程度比截瘫的人要高很多。"（见图③）

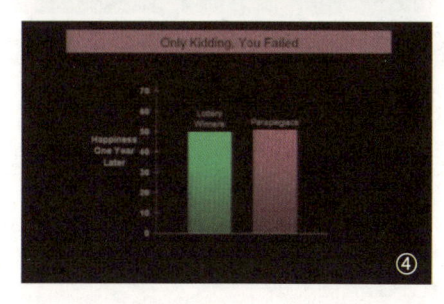

正当听众点头表示认同时，他却告诉大家："事实上，心理学研究表明，两年后这两个人的快乐程度是相当的。"（见图④）换句话讲，中奖没有我们以为的那么快乐，疾病也没有我们想象的那么痛苦。

（图片摘自：http://www.ted.com/）

023

幽默的技巧4： 非逻辑的合理性

钱越多，我们越快乐吗？

60年代　70年代　80年代　2000年　90年代

非逻辑的合理性

事物间没有正确的、严格的逻辑关系，但在特定的情况下其关系又是合理的。这种错位的关系会引发人们的思考，同时形成有趣的效果。

我的课程"心理学在管理中的应用"会讨论企业管理中"金钱激励是否有效"的话题，在我举出具体的理论、研究、实验和案例证据前，我运用了"非逻辑的合理性"的技巧，让这严肃的话题变得更轻松些。我展示了中国不同年代工作证上的照片，随着时间的推移，听众发现照片上人的表情逐渐从喜悦变成没有表情，最后是一副苦大仇深的样子。然后我得出一个所谓的"结论"——看来收入越高，我们越不快乐啊。

大家其实都知道，我的照片是故意这么挑选的，过去的人有快乐也有不快乐的，现在也是一样，然而这个结论并非毫无道理，恰恰反映了现实。

幽默的技巧5：借助社会热点

人们都对新闻八卦感兴趣。当某个社会热点和我们的演说主题有相关性，而且你对其有自己的见解，那么不妨借用这些话题，产生有趣的效果。

2017年6月，本书作者之一受邀为一家企业做"职场压力与情绪管理"的演说，当时在场的多为年轻听众，准备阶段就在构思——该如何切入主题，让场子能有个预热，并在有限的时间里让听众觉得有趣，而不是占用他们宝贵的培训时间呢？于是，我在开场时用到了2017年5月周杰伦在他的演唱会上现场发飙怒吼保安"滚"出去的例子。尽管杰伦的行为让他的歌迷倍感温暖，却因为情绪而让注意力变得狭窄，没有顾及保安的工作职责与社会评价。

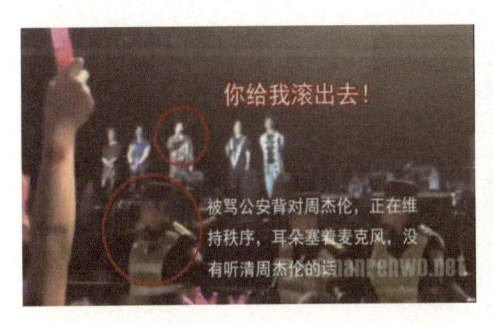

2018年1月我为北京一家企业做"职场压力与情绪管理"的演说，开场用了2017年8月在北京朝阳大悦城开业的"喜茶"排长龙的图和例子，引出"认知导致非理性行为"的观点。这样的话题和图片，激发了听众的兴趣和讨论的欲望。

所以引用社会热点，能产生有趣、应景、值得人们反思的效果。

幽默的技巧 6：让听众产生优越感

理查德·怀斯曼（Richard Wiseman）是个有趣的英国心理学家。他现任英国赫特福特大学教授，在欺骗、运气、幽默和超自然现象等不寻常领域的研究享誉国际，他的理论被《自然杂志》《科学杂志》以及《心理学报道》等世界顶尖科学期刊广泛报道，具有"英国大众传播心理学第一教授"的头衔。

他在 2001 年，领导一个团队对"世界上最好笑的笑话"进行研究。他建立了一个网站，吸引人们发布笑话，并可以为自己觉得有趣的笑话投票。下面是第一周人们投票认为比较好笑的几则笑话：

一位老师心情不好，所以决定拿她班上的小朋友出气，于是说道："觉得自己很笨的学生，起立！"过了几秒钟，只有一个小朋友慢慢地站起来。这位老师看着这个小孩子问道："你觉得自己很笨吗？""没有……"小朋友回答说，"……我只是不愿意看到你一个人站在那里。"

得克萨斯人：你打哪儿来？
哈佛大学研究生：我来自一个讲话不会以介词结尾的地方（对方的问题以介词 from 结尾）
得克萨斯人：好吧。你打哪儿来，蠢货？

怀斯曼和他的团队在对这些笑话的研究中，找到了一个规律：
人们认为好笑的笑话**让听众产生一种优越感**。
这种优越感的产生，是因为笑话里的人及其行为都很愚蠢。听到心存歹念的人被愚弄、自以为是的人被嘲讽，我们在潜意识里觉得自己很聪明，并通过我们的笑声向他人宣布：看他多愚蠢，我可不会那样，我是智慧的。

尽管嘲弄别人的愚蠢行为容易引起有趣的效果，然而我们应当把握好分寸。不分对象、场合的嘲弄，只能显示自己品位的低下。

我们应当去批评和讽刺那些错误的行为和错误的事情。

2010 年 11 月 23 日，牛博网和老罗英语培训创始人罗永浩，在海淀剧院的演说中，运用这个技巧抨击了社会上误人子弟的现象。

他给那些不负责任、只为赚钱的英语课外书，起了有趣的名字：神奇派、不不不派和 N 天搞定派。然后播放了某些英语教育机构的授课场景，课堂上年轻的英语老师不在讲课，却很 high 地在跳热舞。

现场的笑声和掌声，除了是嘲笑这些愚蠢的行为和社会现象，我想还有对揭露丑恶现象的正直行为的支持。

（图片摘自：http：//www.youku.com/）

幽默的技巧7：自我嘲讽

一个开放、豁达和智慧的人才能展现真正的幽默感。尤其是在尴尬场面出现的时候，而且主人公又是自己。当所有人的目光都看着你，掩饰和回避已经来不及，这时，我们要学会自我嘲讽。

美国第34任总统艾森·豪威尔，在"二战"期间有一次到前线视察并向官兵发表演说，不小心摔了一跤，引得现场官兵哄堂大笑，部队指挥官吓得脸色发青。面对窘境，艾森·豪威尔没有大发雷霆（这时候喝令"不准笑"也许会让人们觉得更可笑），而是委婉地说："没关系，我相信这一跤比刚才的演说更能鼓舞士气。"这句自嘲不但化解了尴尬，更体现了将军的大度。

很小的时候，我在电视里看到一场国外的颁奖典礼，其中一位嘉宾的出场让我印象深刻。那是一位个子矮小的老头，而挽着他一起出场的，是比他高出几个头的窈窕美女。老头的手里拎了个金属箱子，只见他从容地走到舞台中央，把箱子放在自己的话筒前，然后站了上去——现在他和女嘉宾的高度匹配了！

这实在是太妙的出场创意！

在很多文化里，男性比女性矮是比较没有面子的。然而这个老头非但没有避讳，反而通过道具让人们更加注意到他。他的行为透露的是对自己的坦然和接纳，以及自嘲的勇气和智慧，人们非但没有瞧不起他的身材，反而对他平添了敬佩和喜爱。

后来的很多场合，那些个子不高的人们纷纷模仿他的创意：小S站在箱子上采访林志玲，罗志祥站在箱子上与模特于娜主持节目。

遗憾的是当年没有记住他是谁，也忘了是怎样的颁奖活动。

哪位读者知道他是谁吗？
那是一次什么活动？

幽默的技巧 8：老话题新解释

用新的角度来解释陈旧的话题，或以现代的价值观颠覆传统的想法，往往会产生意想不到的幽默效果。

电影翻拍是最典型的例子。莎士比亚的《哈姆雷特》两度穿越，一次来到森林里的动物世界，成就了迪士尼的动画大片《狮子王》，另一次来到中国的五代十国，变身为冯小刚的《夜宴》；而张艺谋的《满城尽带黄金甲》则改编自曹禺的《雷雨》。

2011年微博上流行一个段子，对一些司空见惯的词，作出了重新定义：

有钱人才能叫宅，你那叫宅吗？你那叫蜗居！
有钱人才能叫忧郁，你那叫忧郁吗？你那叫抑郁！
有钱人才能叫节能，你那叫节能吗？你那叫抠门！
有钱人才能叫丰满，你那叫丰满吗？你那叫粗人！
有钱人才能叫旅行，你那叫旅行吗？你那叫流浪！

《南都周刊》的古代八卦版封面，则用现代的语言解释了中国古代著名的历史事件，生动而有趣。

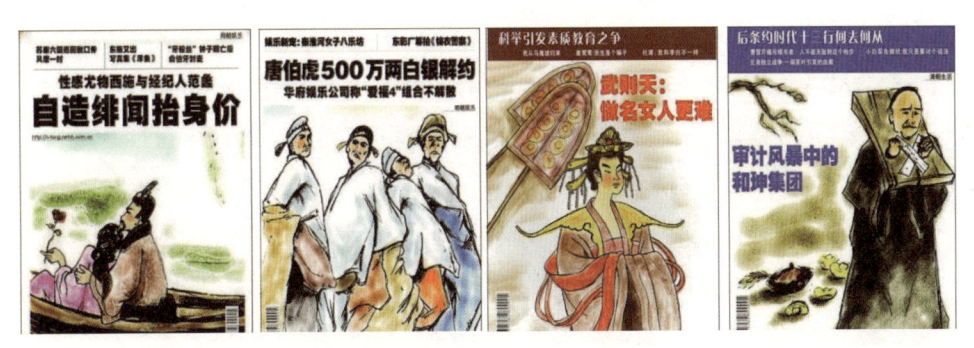

(图片摘自：图研所 http://www.tuyansuo.com/，逛逛)

幽默的技巧9：反讽

这是很古老的文学技巧，却很有效。在演说中我们可以用极其正面的语言来形容或称呼极其负面的东西。例如：

用优雅的语言来形容愚蠢的事情——为了谋取私利，传销组织在严打活动中来了个华丽的转身，由公开转入地下，由地面转向网络。

用快乐的语言来描述倒霉的事情——这样倒霉的事情，一百年大概会遇到一次，很幸运，被我遇到了！

用高尚的语言来表达恶劣的事情——毒品害的不是一个人，而是一个家庭。可是有些不自律的明星，却坚持不懈、无怨无悔、毅然决然地与药丸保持亲密的接触。

但是，我们要小心别反过来运用，即用极其负面的语言来形容极其正面的东西，那样会让人觉得我们有"酸葡萄心理"，或骄傲自大。

幽默技巧的组合运用

在实际演讲中，我可以将这些技巧组合运用，往往能达到更好的效果。比如，有一次我在演说中回忆了过去一段非常艰苦的工作经历，听众就问我是如何坚持下来的。在我给出正经的答案前，我用了"夸张""意外"和"老话题新解释"的组合，我说——能坚持下来，是因为那段时间我养成了一个很重要的习惯，就是"早睡早起"；我停顿了几秒钟，让听众以为得到了答案，然后继续宣布谜底——就是"早上睡早上起"的意思。

我演说结束后，常有听众上台与我交流，并赞赏我很认真用心，我就会将"自我嘲讽"和"老话题新解释"组合进行回应——嗯，为人民币服务。

可以将"自我嘲讽"和"反讽"组合在一起，向听众描述自己曾在演说时不慎摔倒等糗事——演说者一定要提前到达现场熟悉环境，有一次因为堵车，我踩着点走进会场，急急忙忙没有注意台阶，于是我非常华丽地跌倒在舞台上。

幽默的表现形式

前面讲的都是幽默的内容和逻辑结构的技巧。

具体在运用的时候，则是通过不同的表现形式来呈现幽默感的，演说中主要可以运用如下四种表现形式：

(1) 语言

语言几乎可以表达上述所有的幽默技巧，可以是精心准备的笑话，也可以是随机应变的妙语。

(2) 肢体语言

作为语言的辅助手段，我们可以通过"夸张"的肢体动作，来强化语言的幽默感。肢体语言包括了我们的表情、声音、手势和身体姿势等。

(3) 图片

有趣的图片本身就具备了强烈的"笑"果。如果我们运用"夸张""意外""强烈对比""非逻辑的合理性""调侃社会热点"等技巧将不同的图片组合运用，或者配合我们的语言，就更有意思了。

(4) 视频

视频和图片的使用基本类似，同时能传递比图片更丰富和立体的效果。

幽默感不仅仅是技巧，更是智慧的表现。要培养幽默感，还需要在平时多看别人的幽默表演，丰富自己的知识，并不断提高自己的品位。

TRY 尝试与练习

新闻热点

请在朋友圈及网页上浏览一下最近的新闻、社会热点或段子，看看有哪些有趣的资讯，收集至少 5 个，并联想每一条分别可以用在哪些主题的演说中。

新闻、社会热点或段子	可以用在哪些主题的演说中

规则 3　**熟悉**

与听众产生共鸣

WHAT
痛点与问题

人生的两次财务课

虽然毕业至今都在从事培训和心理学的工作，然而我本科读的却是财务学。为了进入理想中的复旦大学，在高三填报志愿时选择了服从调剂。我的第一志愿是中文系，因为差了几分没能进入，结果阴差阳错地进了第二志愿——财务学系理财学专业。当时中国的金融业正迅速发展，这本是很多人梦寐以求的学校和专业。可是我偏偏对数字毫无兴趣。

大学的四年，是我第一次接触财务课，课堂上满是数字、表格和模型，老师说的话对我来说仿佛是天书。于是我的寝室室友就发现了一个现象——很难看到我的踪影。因为他们去上课的时候，我还在寝室里睡觉；晚上他们熄灯睡觉，我却还没有回来。而我在忙的，与我现在的工作有很大的关联。

可以用四个字总结我的第一次财务课——完全不懂。（如果我的妈妈看到这里，请你不要伤心）。

大学毕业后的第六年，我在

一家教育连锁机构担任全国培训经理，有机会接触很多的培训课程，有一次去听了堂很热门的"非财务经理的财务管理"课程，讲师是台湾知名的财务管理专家。这是我人生中的第二次财务课，出乎我自己意料的是——我居然听得津津有味。

我今天依然对其中的两个知识点印象深刻，一个是资金的杠杆作用，因为我当时工作的企业正在开展加盟连锁的业务；二是预算制度的负面作用，即经理们为保证下一年度有充足的预算，会把当年的预算全部花完，哪怕有些是不必要的，而我作为部门负责人，每年要做部门的财务预算。

启示：从听众熟悉的内容开始

大学和工作后接触到的这两次课都是关于财务的，但我的感受却完全不同。培训工作的专业敏感度，立刻使我内心受到巨大的启示：

①传统的教育模式，让很多人把时间花在了未来完全不会用到的东西上；而工作中需要的东西，却只能在工作中慢慢摸索。

②如果能在踏上社会工作一到两年后再接受大学教育，那该提高学生多少的学习热情和动力啊！也许是幼稚，大学里的我完全不知道财务对未来工作的影响和帮助。而工作若干年后，遇到了实际问题并亲手实践过，再去学习的效果就完全不同了。

③人们总是对自己熟悉的东西感兴趣。财务学对于高三读文科班的我来说，实在太过陌生；而在工作之后，却发现自己能听懂了，因为那些概念、目标和意义，都是自己深有体会的东西。

演说也是这样，我们讲的内容对听众来说很可能是完全或部分陌生的，听众一时难以理解，就容易放弃了。如果我们能从听众熟悉的部分切入，那么他们就会更乐意听下去。

我们先来了解一下熟悉背后的心理学原因，以及运用听众熟悉的内容能带给你的三个好处。

曝光效应

好处1：熟悉引发喜好

除了让听众更有信心地接受新知识，熟悉还能让听众更喜欢我们。心理学的研究发现：人们都喜欢和自己熟悉的人或事物。社会学家已证实，大多数人的婚姻对象是那些和他们居住在相同小区，或在同一个公司或单位工作，或曾在同一个班里上过课的人（Bossard，1932；Burr，1973；Clarke，1952；Katz & Hill，1958）。[4] 我们常说的"近水楼台先得月"背后的心理学原理恐怕就是这个了。

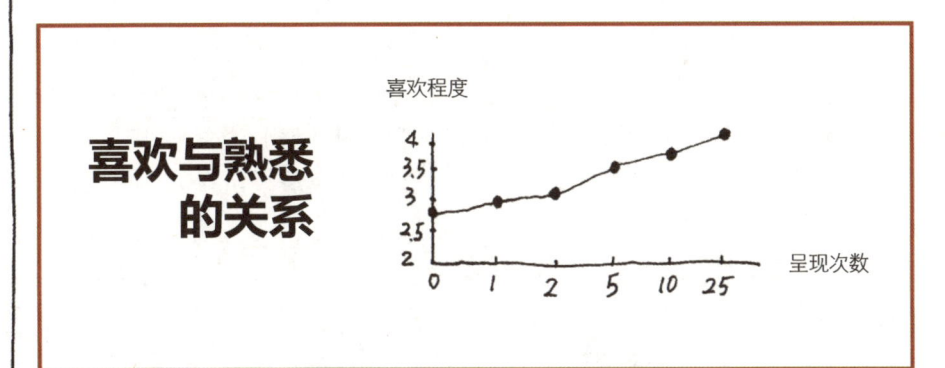

喜欢与熟悉的关系

(喜欢程度 vs 呈现次数 图表)

甚至是增加接触次数，也能引发喜好。心理学家扎琼克（Zajonc，1968）等人的曝光效应（Mere Exposure Effect）研究中，向被试者展示他人面孔照片，有些被呈现达25次之多，有些则仅仅被呈现一两次，然后让被试者评价对这些照片上的人的喜欢程度，结果发现，对照片里人的喜欢与其照片被呈现的次数完全成正比。[5]

所以很多明星都与自己的同行喜结连理——最近人气爆棚的赵又廷和高圆圆、影帝影后组合梁朝伟和刘嘉玲、冯小刚和徐帆等；体育明星中的姜山和李娜、姚明和叶莉等；还有娱乐体育跨界组合贝克汉姆和维多利亚、NBA 球星帕克与绝望主妇伊娃、曾经的网坛浪子阿加西与青春玉女波基小斯等。网友统计，TVB 有 27 对明星夫妻（约 25% 已成过去式）。

熟悉为何引发喜好呢？200 多个实验结果显示，熟悉不会导致轻视。[6] 另外，我们在对事物从陌生到熟悉的过程中，渐渐产生的胜任感和掌控感，让我们体验到积极情绪。从进化心理学的角度看，人类在漫长的原始生活中形成对未知的恐惧，使我们觉得熟悉的东西更有安全感。

好处2：人们喜欢与自己相关的事物

熟悉让听众觉得演说内容是与自己相关的。心理学的另外一些研究发现，人们都喜欢与自己相关的事物。研究表明，我们不但喜欢自己名字里的字，还包括潜意识中与自己有关的人、地方和其他东西。弗吉尼亚海滩（Virginia Beach）有更多的人叫弗吉尼亚（Virginia），在圣路易（St. Louis）的人中，姓路易斯（Louis）的比率比全美姓该姓的比率高出 49%。

人们似乎还偏好与自己姓名有关的职业。在美国，丹尼斯（Dennis）、杰里和沃尔特这些名字的普遍程度相同（都均占总人口的 0.42%），然而在美国的牙医（dentists）中，叫丹尼斯的人几乎是叫杰里或沃尔特的两倍。叫乔治（George）或杰弗里（Geoffrey）的人在地学家（Geoscientist，包括地质学家、地球物理学家、地球化学家）中占了更大比例（我的一位前同事的英文名叫 Geoff，他在大学的专业恰

恰就是地理学——作者注）。2000 年的美国总统大选中，姓以 B 开头的人大都支持布什（Bush），而姓以 G 开头的人大都支持戈尔（Gore）。[7]

好处 3：渴望与权威的亲近

熟悉是让听众产生好感的第三个动力，是听众在潜意识里有与演说者拉近关系的渴望。从精神分析的角度看，这与恋母恋父情结有关。

恋母情结（Oedipus Complex），又叫"俄狄浦斯情结"，源于希腊神话中王子俄狄浦斯杀父娶母的故事。

1913 年弗洛伊德提出：男孩早期的性追求对象是母亲，他与父亲争夺母亲的爱，并想占据父亲的位置。我们在生活中也会看到孩子与异性父母更亲近的现象，三至六岁的孩子甚至会表达出与异性父母结婚的愿望。当代精神分析对该情结中的儿童性欲持保留态度，更多地关注这个时期孩子与父母的人际互动模式。

西格蒙德·弗洛伊德
（Sigmund Freud，
1856年5月6日~1939年9月23日）
精神分析学派创始人

恋父情结（Electra Complex）称为"厄勒克特拉情结"，不过现在多以"俄狄浦斯情结"描述恋母、恋父两种心理。[8]

世界上没有完美的父母亲，他们很可能因工作和生活的压力、无心的疏忽甚至只是因为不了解，而使小孩感到没有被关心、没有被爱或者缺乏安全感。这些缺失的感觉并不像电视剧里说的那样——会随着时间被治愈。它们成为了内心的一种动力，在成人之后依然渴望被爱、被关心。

舞台上的演说者，往往被听众认为是权威。于是，渴望与父母亲近、被关注的冲动在无意识中被激活。

当听众听到熟悉的东西时，就会觉得自己和演说者是类似的，自己（与别的听众，或没有来听这次演说的人比）和演说者的关系是更亲近的。

所谓的"共鸣"就是这种互相可以理解的一种亲近感。

如何收集让听众感觉熟悉的演说素材

知道了熟悉感对听众的重要性,接下来我们一起看看,在演说中可以运用哪些熟悉的内容。

(1) 生活中的那些事

在演说时引用生活中喜闻乐见的东西,可以增加亲切感。作者经常会去不同的城市讲课,提前一天抵达讲课的城市变成了我的一个习惯,这不仅是在体验一个陌生城市的文化,更是在为第二天的课程准备素材。记得有次到厦门讲课,我本身是上海人,对口音虽然都能习惯,但是对于沿海城市的口音,多少听起来还会有点忐忑。对方客户是一家当地很大的外贸公司,员工以本地人为主。于是为了让现场气氛更为活跃,我决定用当地的语言特色作为开场。

> Holmes 为什么翻译成 福尔摩斯

> 清末著名的翻译家林琴南
> 他是"胡建"人
> 林琴南是个很特别的翻译家——竟然不懂外语,他是听当年的"海归"们口译外国著作,然后进行书面转述。在福建话里,是没有唇齿音【f】,转为舌根音【h】,所以林老先生在1908年翻译的《夏洛克奇案开场》(即推理小说《福尔摩斯》中的《血字的研究》)中创造了"福尔摩斯"。

不是福建人看不懂

我给他们讲的课程是"语言沟通的魅力",上面就是我当时用来开场的两页幻灯片。右边一张的右半部分是我前一天在参观当地一家历史博物馆时拍的古文家林纾的照片,其左半部分是我在微博上关于"福尔摩斯"如何翻译的幽默对话。翻译是一种语言艺术,方言则是跨地域沟通的障碍,我就借福建人口音的特色,顺理成章地把话题导向了沟通。

(2) 工作中的那些事

如果是为同一个组织的成员作演说，而且演说内容和他们的工作或行业有关，那么引用与工作相关的内容效果会较好。

下面这些幻灯片都是我给法官和警官讲课时用的。

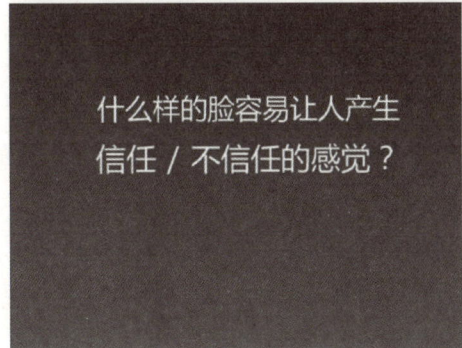

工作中的内容，因为是听众日常面对的，甚至可能你说的问题就是某个听众昨天遇到的，那么就能引发大家的兴趣和讨论，现场的气氛会变得很热烈。

要小心的是，对于你没有把握或不擅长的领域，展示图片、视频或文字报道就够了，因为这是事实，尽可能不要过多地发表自己的观点，尤其是当你的观点不够权威，又和听众不一致的时候，很容易出现听众挑战你、不认同你的情况，从而降低对你的评价。

（3）社会中的那些事

在上一章讲幽默技巧的时候，我们已经提过"人们都对社会热点新闻感兴趣"。

所以平时要多看各种新闻，我强烈建议需要作演说却还没有使用微博的读者，该去申请一个账号了。当代社会信息传播的方式已经发生了巨大的改变，作为信息的传播者，我们自己获得的信息没有理由是落后的。

海派清口创始人周立波在央视《面对面》节目中说：

"我觉得天才不一定是天生的，也有后期努力。我是个主动学习的人。"

周立波每天平均阅读14份报纸，一个月的废报纸能卖18块钱。他每天七点半起床，看昨天没看完的报纸，九点以后看新到的报纸，一边上网，一边记录，一边听自己喜欢的音乐。

所以在关注社会热点的时候，不要仅仅是"看"，记得把它们"留"下来，以备你未来使用。

（4）小时候的那些事

童年的回忆往往是美好的，而回过头去看小时候那些发生在自己和别人身上的事情，又是那样的可笑。

当我们描述那些与听众类似的童年经历，除了能把双方的关系拉近，更能让听众觉得你和他们"是一伙的"，会更认同你。

2006年，周立波带着他的"海派清口"重返舞台并一举成名。他的成功，相当一部分原因在于演出的内容，他以滑稽调侃的形式，讲述新老上海三十年的变迁，古今中外、衣食住行，从爆炒米花、大白兔奶糖到干吃麦乳精，从老式泳衣、的确凉衬衫到"假领头"，从费玉清、周柏春到"打桩模子"，从九寸黑白电视机、中国股市到1983年春晚……周立波用上海市民儿时喜闻乐见的那些事儿，勾起了观众无限的回忆和感动，并奠定了他在大众心目中的地位。

（图片摘自：http://www.youku.com/）

（5）明星们的那些事

也许是潜意识里也想成为他们，人们都渴望了解明星的点点滴滴。

明星的美丽脸庞、明星的打扮方式、明星的花边绯闻，总是人们关注的焦点和茶余饭后的谈资。

如果最近在明星身上发生的新闻，正好与你要演说的主题有某种联系，而且你把相关的图片资料放在了你的幻灯片上，那么恭喜你，你的这次演说必将吸引听众的眼球！

> 演说的第三条规则：
> **讲发生在听众身边的事情**

百度搜索风云榜

每个人都用百度，都知道它是搜索引擎，却忽略了其实它更是个巨大的数据库，如果把每天人们搜索的关键词排个序，那么在榜首的是不是就是今天人们最关注的热点呢？这就是"百度搜索风云榜"在做的事情。试着搜搜看今天有什么热点，并探索一下风云榜里的内容，也许能找到你的听众熟悉并感兴趣的内容。

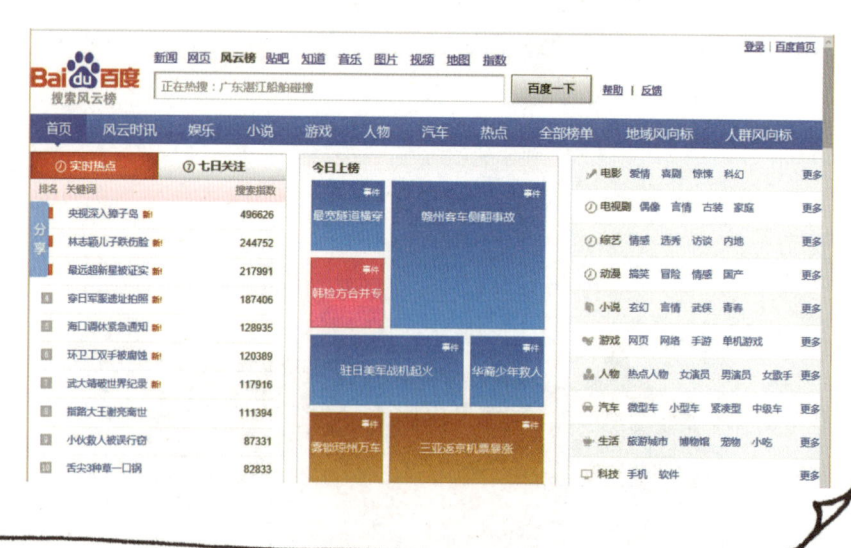

规则 4 新奇

拉响听众注意力的警报

WHAT 痛点与问题

信息化是演说者新的竞争对手

偌大的会场鸦雀无声，台下坐满听众，聚光灯照射在你身上，今天的这场演说，最受瞩目的人当然是舞台上的你！

在这时刻，你觉得自己的竞争对手是谁？

如果因为舞台上只有你一个人，所以就全无竞争的话，那么你就错了。

在这即时通讯时代里，所有的信息传播媒介都是演说者的竞争对手！

当你正充满激情地表达自己的观点，稍有不慎，就会输给听众的手机、随身携带的报纸或者他们浮云般的思绪。

假如你留意一下，就会发现前排那个听众的眼睛盯着你动也不动，可是当你走动的时候，她的眼睛依然盯在老地方——她也许正在为昨天那部韩剧里男女主角分手的结果郁闷不已。

后面角落里的那位，手托着腮帮子，眼睛却在往下看，另一只手每隔一阵子就会左右移动一下，不是在看报纸就是杂志，看书的动静不会这么大。

你真正的对手是手机。如果听众带的恰巧又是一部最新推出的智能手机，那么你要小心了，它是个强悍的对手。如果你的演说不够精彩的话，我保证这部手机绝对可以帮助你的听众愉快地度过整场演说！

听众的iPhone是演说者最恐怖的对手

相机
讲得太烂了，给他拍张照发到朋友圈吐一下槽

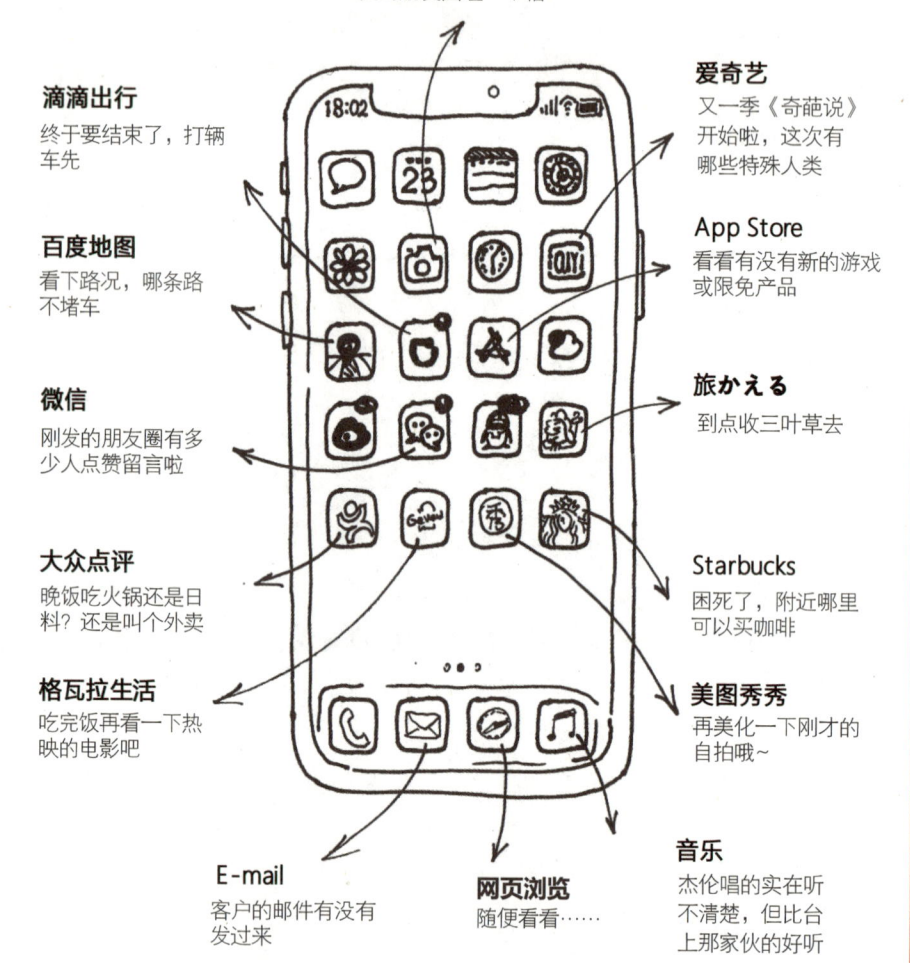

滴滴出行
终于要结束了，打辆车先

百度地图
看下路况，哪条路不堵车

微信
刚发的朋友圈有多少人点赞留言啦

大众点评
晚饭吃火锅还是日料？还是叫个外卖

格瓦拉生活
吃完饭再看一下热映的电影吧

爱奇艺
又一季《奇葩说》开始啦，这次有哪些特殊人类

App Store
看看有没有新的游戏或限免产品

旅かえる
到点收三叶草去

Starbucks
困死了，附近哪里可以买咖啡

美图秀秀
再美化一下刚才的自拍哦~

E-mail
客户的邮件有没有发过来

网页浏览
随便看看……

音乐
杰伦唱的实在听不清楚，但比台上那家伙的好听

　　一部智能手机绝对有能力搞残你的演说，它可不止十八般兵器……后面还有好几页呢！

规则 4 | 新奇：拉响听众注意力的警报

要吸引听众就别做个平庸的演说者

恐怖吧！如果你是个平庸的演说者的话，听众可以做那么多事情来打发一场演说的时间。长得不够惊艳不是我们的错，但如果我们的内容普普通通、用词遣句普普通通、语音语调普普通通，加上幻灯片也普普通通，那么我们就真的不应该了。这是在浪费听众的时间！我们要战胜手机、报纸，那么多信息，我们该怎么做呢？

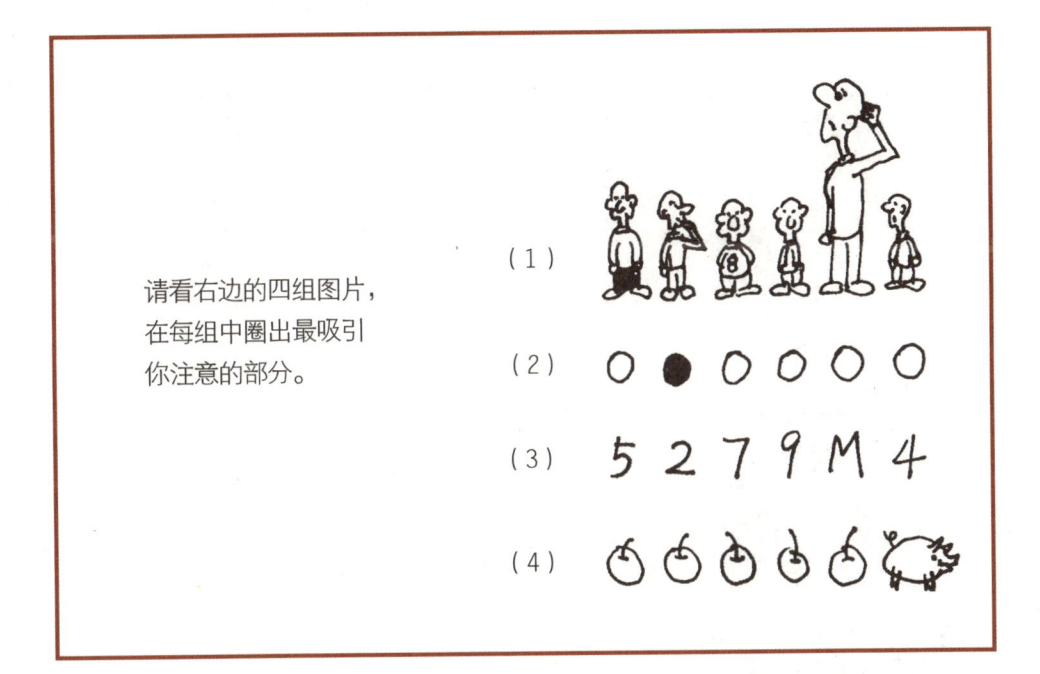

请看右边的四组图片，在每组中圈出最吸引你注意的部分。

(1)
(2) ○ ● ○ ○ ○ ○
(3) 5 2 7 9 M 4
(4)

演说的第四条规则：
注意力总是被特别的东西吸引

如何避免平庸，成为"紫牛"

假如你和我一样从小在城市中长大，通常没有机会亲眼看到一头奶牛，尽管我们天天喝着它的奶。

现在请你想象一个场景：你第一次来到大草原，辽阔的蓝天下是一望无际的绿色，突然，你平生第一次亲眼看到了一头奶牛。你会有怎样的反应呢？通常是扯着旁边人的衣服，大喊大叫生怕别人听不到："你们快看呀，奶牛哦！哇～"

你们乘坐的车继续往前开，然后，你看到了第二头奶牛，你一定会说："快看快看，又是一头呢！"

车继续开，你看到了第七头、第八头……接着是一大群……此时，离你看到第一头大约刚过了二十分钟，请问你现在会有何反应？我想你已经意识不到身边有一大群奶牛了，"奶牛"已经成为了"无趣"的另一种称呼。

除非，一头浑身紫色的奶牛映入你的眼帘，你的眼睛将再次瞪大："奶牛还有紫色的?"

规则4 | **新奇**：拉响听众注意力的警报

WHY
心理现象与概念

紫牛原理

这是著名的市场营销专家、演说家、前雅虎营销副总裁赛斯·高汀在他的演说和书中运用的比喻。赛斯指出，我们正在面对的是"后消费时代的消费者"（Post-Consumption Consumer），即那些很难能有东西激起其消费欲望的、处于当今社会的消费者们。因为他们几乎已经拥有了所需的一切，几乎不再需要任何更多的商品和服务。而且他们是如此忙碌，以至于根本没有时间去浏览商家竭尽全力为他们生产的产品和不惜血本投放的广告。

因此，赛斯给我们的忠告是成为"紫牛"：引人注目是因为与众不同（Remarkable）！[9]

美国脑科学专家约翰·梅迪纳（John Medina）告诉我们，人类大脑在原始社会与自然斗争的过程中，发展出了独特的"紧急警报"功能。因为外界的刺激实在过于复杂，每一项都处理的话，大脑估计会死机。那些普通和常规的事物，大脑自动将其视为是安全的，不予过多的关注；只有当不寻常的东西出现时，我们大脑的监控和戒备功能才会立刻激活，并拉响令整个大脑可以听到的警报。

所以，与众不同的事物就像一个明目张胆的"闯入者"，吸引大脑的关注和反应。

演说中可以运用的新奇元素

（1）罕有人知的行业资讯

俗话说"隔行如隔山"，行业内公开的事实，对外人来说可能是特别新鲜罕见的东西。例如我在演说中经常引用心理学实验，听众就觉得很有趣、很新鲜。如果你从事金融业，有何投资秘诀吗？如果你是HR，有没有看人的绝招？如果你是画家，那些名画背后的故事也很吸引人呢。

（2）了解冷僻的领域

人们总是扎堆到热门的领域里，搞得热门的东西很快就不热了。中国的市场足够大，如果缩小你的范围，聚焦在某个更小的领域，尤其是目前关注者还不是很多的领域，你会很有潜力的。做生意是这样，演说也是一样。

（6）收集网络上的异闻趣事

网络上时不时就能淘到新鲜有趣的东西，一张意味深长的图片、一段幽默的视频等，都能为你的演说增色不少。

（3）跨界

跨界现在很热门，它的本质是一种运用组合的方式进行的创新。讲演说技巧的人很多，讲心理学的也不少，如何与其竞争？将两者组合发展出《演说心理学》，我就成了第一。

（5）独特的幻灯片

幻灯片是现代演说中重要的辅助工具，如果你还是用传统的PPT模版在做的话，是难以与众不同的，因为99%的人都那样做幻灯片。可以考虑特别的颜色搭配、大胆使用满版照片或者采用手绘等。

（4）关注流行

流行的前沿总是新鲜时尚的，如果你能跟上时代的脚步，在你的演说中加入流行的元素，那么你的听众一定会很喜欢你。毕竟，未来的听众将越来越年轻。

我们身边并不缺乏新奇的事物，在生活中做个有心人，并且养成随时保存和记录的习惯。

规则 4 | 新奇：拉响听众注意力的警报

TRY 尝试与练习

培养发现"紫牛"的敏感度

在以下三个场景中，寻找最吸引你注意的事物，思考并写下它们为什么吸引你。注意，用直觉去记录吸引你的任何东西，不要因为成见或判断而故意忽略某些内容。

1. 超市　　　　　　　　　　　它是如何吸引我的

_____　　_____
_____　　_____
_____　　_____

2. 路边或地铁里的广告牌　　　它是如何吸引我的

_____　　_____
_____　　_____
_____　　_____

3. 微信朋友圈　　　　　　　　它是如何吸引我的

_____　　_____
_____　　_____
_____　　_____

规则 5 故事

我们在别人的世界找到自己

WHAT
痛点与问题

变形金刚背后的故事

"数千万年前，宇宙中的智慧生命五面怪建造了赛伯坦星球（Cybertron），并在这个星球上制造了两条生产线，生产军用和民用的机器人。为了争夺资源，由威震天领导的霸天虎和以擎天柱为首领的汽车人展开了殊死搏斗，并将战火燃烧到了地球上……"

对生于 20 世纪七八十年代的人来说，变形金刚是那个年代留下的最重要的童年回忆。那时我还在读小学，每到周末或暑假就守在电视机旁等待它的播出；课间小朋友们经常议论的话题就是汽车人和霸天虎谁更厉害，我记得有个同学是变形金刚迷，他会一边发出模仿变形的"叽叽嚓嚓"的声音，一边趴在地上把自己变成一辆车。拥有一个变形金刚玩具则是每个小朋友的终极愿望，那时我家家境一般，虽然很想要一个（我最喜欢擎天柱），但一直没有向父母开口，心里却幻想他们某天下班回到家能送一个给我。

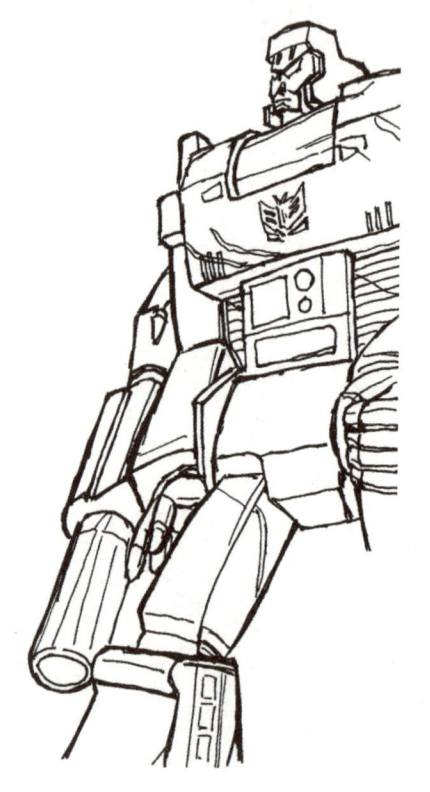

规则 5 | **故事**：我们在别人的世界找到自己

后来父亲给我买了变形金刚的漫画书，让我兴奋了好一阵子。我当时一直认为：动画片《变形金刚》那么受小朋友喜欢，所以他们就生产了一批变形金刚的玩具。后来发现，我的想法完全颠倒了：不是先有动画片再有玩具，恰恰相反，是先有玩具再拍的动画片。

用一个故事卖了 11.8 亿美元

20 世纪 80 年代初，日本 TAKARA 公司设计并推出了一群可以变成汽车和飞机的机器人，但市场反响冷淡。这时，美国著名玩具公司孩之宝（Hasbro）发现了"变形金刚"的潜在价值，与其合作开发该系列玩具。1984 年初，孩之宝推出动画片《变形金刚》第一季，在 2 月的美国国际玩具展上，创下 7 天内 1 亿美元的批发订货纪录，玩具上市 8 周内卖出 300 万个变形金刚，7 个月内卖掉了 1000 万个变形金刚，占据当时玩具市场 43% 的份额。

2007 年，在第一部真人版《变形金刚》为派拉蒙公司和导演迈克·贝带来 7 亿美元全球票房收入的同时，也为孩之宝催生了 4.8 亿美元变形金刚玩具的相关收入，占公司当年收入的 13%。

就连我的 iPad 里，也有一款变形金刚主题游戏。为了获得心仪的汽车人或霸天虎，抑或是为了联盟战争的胜利，无数玩家为游戏公司的荷包做出了巨大贡献。

这是营销界的经典成功案例。所以孩之宝 CEO 布莱恩·格德纳说：

"没有伟大的故事，一切都无从谈起。"

051

故事的意义

孩之宝用一个脍炙人口的动画片故事，卖了无数件玩具，其影响力从20世纪80年代延续至今。听大人讲故事，是每个时代的孩子都最喜欢的娱乐方式，同时，孩子在故事里面学会了诚实（《狼来了》）、谦让（《孔融让梨》）、勤劳（《守株待兔》）和智慧（《司马光砸缸》）。而我们则沉醉于属于成年人的小说、电影和电视剧里。MTV导演最常用的手法，就是用故事来演绎一首歌曲。

故事的起源和人类的生存有密切的关系。在文字尚未出现前，我们的祖先就是通过口耳相传，把家族的文化和生存的技能传授给下一代。中国有些民族至今没有文字，是靠故事和歌曲把民族的历史一代一代地传承下去。除了进化的原因，人们喜爱故事，还有意识和潜意识的其他各种动因。

故事不仅具有娱乐功能，更是人类教育的雏形

耦合效应

在作为听众时，我们以前可能有类似的体验：在某个演讲中，当演讲者讲述某个故事的时候，你可能在心里暗暗地说：

"是的，我也是这么想的。"

"对，就是这样，我也有过类似的经验！"

能有这些体验，实际上就是因为演讲者成功地通过故事，与作为听众的你产生了某种联结。在一项心理学的实验中，这种联结被予以证实。通过对受试者的脑电波进行分析，科学家发现故事能够使听众和演说者的大脑产生**耦合现象**，即在群体心理学中，两个或以上的个体通过相互作用而彼此影响从而联合起来产生增力的现象，也称之为互动效应，或联动效应，呈现出"结合的、暂时对接的、互动的模式"。

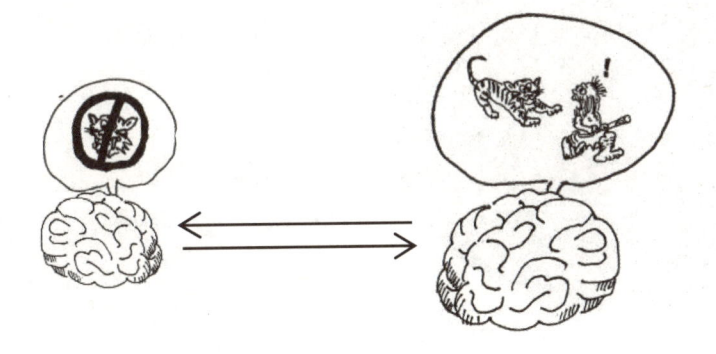

简单地说，就是"观众的大脑映射了演说者的大脑反应"，这就是我们所说的共鸣。在一个群体中，个体之间是有耦合的，耦合得越紧密，联动的作用就越大。想象一下这样的情景，演说者通过讲故事，就把听众的大脑变成了演说者大脑的一种映射，相当于演说者把自己的观点、感受、想法植入到了听众的大脑中。

听众为什么爱听故事

（1）人们都想知道故事的结局

人有格式塔心理①，即希望或想象事物是完整的。如看电视剧会对结局充满好奇。所以一则故事能让演说有吸引力，让听众充满期待。

（2）人们在故事中找到自己

梦想和情感会被现实压抑。有时，它们会被投射到故事人物身上，仿佛他们能替我们实现未尽的事宜。比如人们喜欢英雄救美的故事，男生满足自己的英雄幻想，而女生则找到被怜爱的感觉。

（4）故事有助于记忆

你恐怕很难回忆去年年终晚会上领导的发言，但你一定记得1997年电影《泰坦尼克号》的主要内容。情节和图像更容易让人记忆。

（3）故事便于人们理解

有些概念是抽象难懂的，故事通过比喻和象征，让人明白晦涩的道理。孩子不理解为何要"打好基础"，但你和他讲"三只小猪"的故事，他就明白什么行为是被鼓励的了。

---

① 格式塔学派（Gestalt psychology）是心理学的重要流派，也称为完形心理学，在20世纪初由M.威特海默、W.苛勒和库尔特·考夫卡三位德国心理学家创立。格式塔在德文中是指"模式、形状、形式"等，意思是指"动态的整体"（dynamic wholes）。该学派认为人的格式塔心理的重要特征之一是整体性（Emergency），例如你看到墙角露出一条狗尾巴，你立刻断定那里有条狗，而不需要完整看到才能确定那是狗。——作者注

说故事，别说"故事"

否极泰来，物极必反。很多经常做演说的人们已经意识到故事的价值，然而我却看到一些滥用故事的方式：演说过程中大部分时间都是在讲故事、反复讲某些人们耳熟能详的故事、为了追求气氛活跃讲黄色笑话等。

网上还流传着"N个经典培训故事""激励故事全集"等，如：

- 和尚倒水倒到外面来了；
- 把梳子卖给和尚；
- 两个人遇到一只大老虎；
- 忽悠别人山过来了；
- 被淹死的神父；
- 秀才做了三个梦。

在这个即时通讯时代，我们不能真把故事当作"故事"来说！

"故事"按字面的理解，就是"过去的事情"。可今天，人们要的是"新闻"，新鲜、有趣、生动的事情。

✗ 旧的　事情

故事

✓ 情节（story）

"故事"的英文 story 更好地诠释了其本质——情节。听众要的是一段有情节的事情，而不是旧闻。

所谓的经典故事存在哪些问题：

- 听过了，觉得老生常谈、提不起兴趣；
- 故事不真实，反而降低了说服力；
- 有些情感造作，让人边听边起鸡皮疙瘩；
- 往往有特定的背景，缺乏实际的意义。

演说中怎样的故事吸引人

建议大家讲下面五种类型的故事，因为它们都有四大特点：

类型	特点
❶ 独特的个人经历 你或你认识的人的经历，往往是独一无二的。可以是生活工作中的有趣经历，遭遇的惊喜或尴尬，旅行中或咖啡馆与陌生人交谈的新鲜资讯也不错。	① 新鲜 这些内容可以保证你的（大部分）听众都没有听到过。
❷ 最新的行业案例 你最了解你从事的行业，有没有独特的新闻、某个专家的最新观点、某个品牌特别的举动等，如果能支持你的观点，这些都是很棒的新鲜故事。	② 有趣 无论是内容还是其来源，都让人觉得有趣。
❸ 新闻八卦 前面我们已经讲过新闻八卦的吸引人之处，然而人们往往不会对其深究。如果某个事件对你很有价值，那么不妨挖掘其背后的故事，你也许只要上网多搜几篇文章就可以了。	③ 发生在身边 这些内容要么发生在我们身边，让听众有共鸣，要么和听众工作生活是息息相关的。
❹ 最新科技与研究 现代科技、实验研究对人们生活的改造作用越来越大，同时也让人觉得神秘和有趣。	④ 与主题关联 你无法从"经典合集"中找到这些内容，所以挑选的过程也保证了它们与主题相关。
❺ 不为人知的往事 过去的事并非都不可以说，你只要保证它对于听众来说是新鲜和有趣的就可以了。	

讲故事的技巧

有了好的故事内容,还需要好的演绎方式,才能达到最佳效果。

(1) 简洁

讲故事也需要设计。绘画中讲究"虚实结合",唱歌有主唱与和声,这些都是为了在视觉和听觉上产生节奏感、立体感,更重要的是——让人们知道你表达的重点是什么。故事中和主题无关的信息不妨删减,防止漫长的闲言碎语让听众过早地失去了兴趣。

(2) 具体

去除无关信息,是为了强调重要的内容。故事关键的地方,尤其是高潮或结局即将出现前的细节描述,能让听众有身临其境的带入感,提高听众的兴趣。心理学的研究发现,具体的事物更能激发人们的行为,例如我们更愿意为电视里报道的某个品学兼优、身患疾病的孩子捐款,却对非洲的难民无动于衷。[①] 因为具体的事件、具体的某个人,让我们觉得与他距离更近、对其遭遇更感同身受,从而更有同情心采取行动。

(3) 情感

2002 年,瑞典银行纪念诺贝尔经济学奖结果揭晓,出人意料的是获奖者并非经济学家,而是两位美国心理学家——普林斯顿大学的丹尼尔·卡尼曼(Daniel Kahneman)和乔治梅森大学的弗农·史密斯(Vernon L. Smith)。他们推翻了传统经济学的"理性人假设",用大量的实证研究表明:人是有限理性的,很多情况下人的行为受到感情因素的影响。他们的研究领域现在被称为行为经济学(Behavioral Eco-

---

[①] 全球平均每天有 2.5 万人因饥饿而死,四分之三是妇女儿童,主要集中在非洲。2011 年 7 月以来,由于非洲东北部发生干旱及连年战争而引起饥荒,索马里南部每天有 6 人饿死,现在每 5 个儿童中就有 1 个在 5 岁前夭折;2011 年肯尼亚已有 6.5 万儿童因饥荒濒临死亡。世界粮食计划署宣布估计 1000 万人需要食物援助;联合国秘书长潘基文说,索马里人道主义救援急需 16 亿美元捐款救助,不过目前仅有一半资金到位。——作者注

nomics），并对市场学、管理学产生了重大的影响。演说的影响力也是从情感上打动听众，所以演说者要关注和强调故事里的情感因素。

（4）意义

不要为了讲故事而讲故事，其背后的意义对听众才是有价值的。故事讲得好的人很多，而能挖掘出故事意义的却不多，意义是一个人思想的延伸，是对生命的理解和感悟。一位优秀的演说者，总能在哪怕是很普通的小故事里，寻找到与众不同、又深入人心的闪光点。

（5）制造悬疑

制造悬疑是为了吊听众的胃口，而听众也乐于你那么做，因为谜底揭开后带来的豁然开朗，能让人产生释放的愉悦。所以优秀的故事演绎者，首先要善于制造出人意料的东西，其次要懂得把这东西放到故事的最后，这就是悬疑的全部了。

（6）自己不要先笑出来

大部分的故事都是想逗人笑的，人们也热衷于喜剧胜过悲剧。讲好笑的故事的关键，是让听众自己突然找到笑点。听众还没有笑你却先笑，往往就破坏了"笑"果，甚至到最后听众都没有笑，那场面就要你多穿点衣服了。

> 演说的第五条规则：
> **听众喜欢听故事**

TRY 尝试与练习

每日故事

　　故事源于日常工作和生活，讲故事的能力也需要在平时不断练习。在接下来的一个星期，利用晚饭或下午茶的时机，尝试用讲故事的方式和你的伴侣、孩子或朋友聊天，告诉他们你的所见所闻，并鼓励对方也讲讲他们的故事。就在这里先草拟一个今天发生的故事吧。

_____

_____

_____

_____

_____

规则 6　互动

人们都渴望成为主角

WHAT 痛点与问题

人们都渴望参与

如果你曾经做过听众，你很有可能在别人的演说中冒出过这样的念头：

——哼，这家伙讲得那么烂还在上面讲，我上去讲效果也比他好。

如果你自己做过演说或培训，你一定也会发现这样的现象：

——你讲话的数量和听众的兴趣有时候是成反比的。

你越费尽口舌听众越无动于衷，你不说话而让他们自己讨论或玩游戏，他们的兴趣反而提起来了（而且我发现越是体力游戏人们玩得越开心）。所以这再次证明：演说者绝不要把自己当成主角，把听众当作满足你明星梦的配角。

演说的主体是听众。

电视台都开设短信平台让观众参与了，广播电台都让听众打进电话与主持人互动了，我们演说者有什么理由不让听众参与进来呢？是的，大部分听众是来听你说的，但时间长了也会滋生无聊的感觉。你让听众参与，他们就开心了。虽然这么做你讲得是少了点，但他们一定会这样评价你：

——嗯，这家伙讲得不错！

自我控制感

参与让人更有活力

心理学的大量研究发现：让人有自我控制和参与感，可以真正地提升个体的健康和快乐程度（Deci & Ryan，1987）。[11]

美国心理学家兰格和罗丁（Ellen Langer & Judith Rodin）在1976年所做的实验研究显示：通过不同的方式照料疗养院的老年病人，他们发现第一种情况下，尽管护士的照顾无微不至，但三星期之后，老人们自我报告或由他人评价均变得更加虚弱；而第二种情况下，老人们需要进行适当的自我照料，三星期后他们中的93%表现得比以前更机敏、更有活力和感到更快乐了。

三周后老人们的自我报告

第一种情况：
无微不至的照顾

第二种情况：
适当的自我照料

参与让人更有活力、更快乐也更健康！

请你假设一个场景（如果这个场景让你感到不舒服的话，就把"你"变成"有个老人"）：在30年、40年或者50年后的某一天，你因年龄的原因身患疾病被送入老年医院作住院治疗。接下来，你住院期间的经历有两种可能：

第一种情况，你的护士非常慈善，她们在你入院时就向你强调："我们的职责是让你为这个新家感到自豪和幸福。"这期间，你完全不需要做任何事情，因为他们给你以精心的、富有同情心的照料，每顿饭都会按时送到你面前、每天护士都准时喊你起床去做例行检查并定时让你进行娱乐活动等，任何时候你只要按下铃，护士就会及时赶来。

第二种情况，你被告知"要对自己的选择负责"。整个住院过程中，你需要做些小决定，比如早餐吃哪种套餐、晚点睡还是早点睡、什么时候去看电影等；并且你还要履行一定的责任，比如为房间的植物浇水、轮流负责关闭娱乐室的电视等。

直觉告诉我们被悉心照料的老人们会更健康、更快乐，然而研究结果却呈现了不同的结果。在康涅狄格疗养院的研究证明，自我控制感对生活有重大的意义，它让人更加自信、更多地体验到快乐并更加健康。

同样的，即使在别人的演说中，人们依然会有参与和表现的倾向。

HOW 应对策略与技巧

让听众参与和互动的 8 个技巧

(1) 暖身

演说刚开始，对听众——尤其是彼此陌生的听众来说，是一个缺乏安全感的时刻。这源于我们的祖先在丛林中的生存本能，因为不了解他人，所以安全起见会建立心理防御：例如脸上都是社交性的微笑，对于别人的提问保持戒备，不主动表现自己的态度和观点，同时在身体上保持一定的距离。这样的状态并不利于演说的顺利进行，此时就需要演说者运用暖身的技巧，营造安全和轻松的氛围，让听众放下部分的防御，并投入到演说中。

我最常用的技巧，是让听众彼此之间握手问好。这个行为很简单，每个人都做得到，也符合社交的礼仪，所以大家都乐于去做，在不经意间就缩短了身体距离，这对心理防御的降低有很大帮助。尤其在听众人数众多或剧院式的场地，大幅度的活动和游戏不易展开，这是最理想的开场方式之一。

如果听众被安排分成不同的小组，那么让大家进一步地作互相介绍，能创造更佳的效果。运用后面将提到的问答交流、游戏等，也能起到很好的暖身效果。

(2) 问答交流

在演说的整个过程中，随时与听众保持问答交流，能让现场活跃，并调动听众的积极性。

开始阶段，演说者可以提出与主题相关的问题，让听众思考和讨论，以引发他们的兴趣。怎样的问题合适呢？就是难度别太高的，让人们有能力回答的。本书的第 1~3 条规则就是最好的问题：与听众利益相关的、有趣的和发生在听众身边的问题。

我在"恋爱心理学"的演说中，就用了一个有趣的问题开场：

——一位男性和一位女性，分别在一年里和 100 位异性发生了性关系，请问他们将拥有的孩子数量是否一样？

这是个非常有意思的话题，人们的第一反应是差不多，但仔细一想就明白：男性会拥有更多的孩子，而女性一旦有了孩子就会面临十个月的孕期，因此女性只有一次拥有孩子的机会。然后我就引出了演说的重要话题：男性和女性在恋爱时为何有行为上的差异，是因为双方为此付出的成本是不同的。

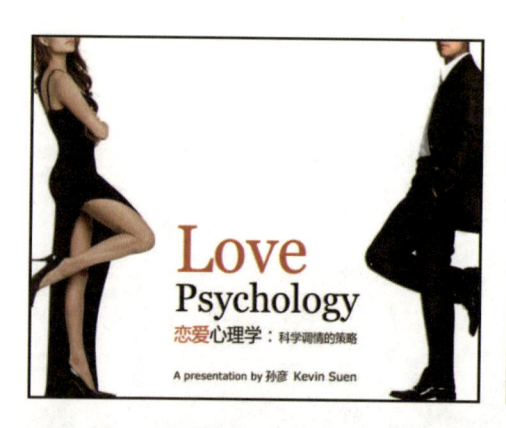

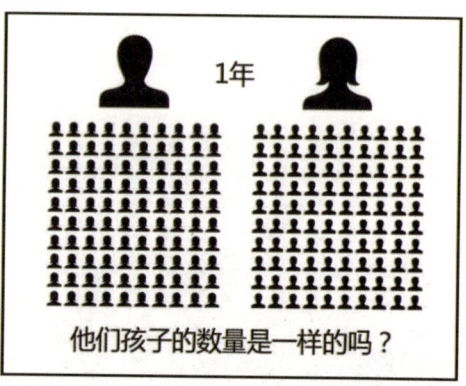

在演说的整个过程中，我们都可以通过提问，来回顾前面的内容、作总结或引出下一个话题。当有听众走神的时候，也可以用问题来拉回他们的注意力。

如果你对自己讲的内容非常有信心，那么在一开始就告诉听众：欢迎大家随时提问。更能让他们喜欢你的开放精神。

(3) 情境带入

在讲一个故事或实验研究的时候，我们可以让听众假设自己是其中的主人公来参与其中，而不仅仅是听一个故事。

例如前面我在介绍"老年医院两种不同照料方式"的实验中，就是把你作为主角来体验这个情境。如果听众能身临其境地参与这个过程，那么他们的思想和感受就会有不同程度的变化，再和演说者的结论进行比较，就更有感悟了。

(4) 测试练习

为了证明某些观点或现象，我们可以在演说过程中稍作暂停，让听众做一些小测试或小练习。在从"听"向"做"的状态转变中，人们能体验到新鲜感和有趣，注意力也会再次提升。

例如结合"沟通技巧"的演说，进行一份性格测评，再从性格角度分析沟通的障碍和解决之道，会让你更有说服力。而测评和练习，也满足人们对自己的了解，以及别人与自己有多少差别的好奇心。

(5) 角色扮演

为了让一个故事或一个情境更生动有趣，请台下的观众来扮演里面的人物，会是不错的选择。比如你在讲销售技巧，就可以由一位听众来扮演顾客，你在与他互动的过程中展现你要讲的技巧；或是讲亲子关系，可以请听众扮演孩子和父母，来表现特定情境中的亲子交流方式。在自然状态下人们最容易呈现出本来的言行，会带来意想不到的效果。

因为是未经排练的，所以你选择的情节不能太复杂，最好是生活中的场景，每个人都经历过或看到别人做过的。

(6) 游戏

在体验式培训风靡全球后，越来越多的人意识到游戏的价值。游戏本身很有趣，能调动人全身的资源，更重要的是——游戏能传递一些无法用语言解释清楚的东西，例如沟通和团队精神，与其用语言还不如让人们在游戏中亲自去体验其中的真谛。

所以在开场时的暖身阶段，为了证明某个观点、为了让听众演练新的技巧或者是当听众开始犯困的时候，都可以用游戏为你的演说增添动力。

(7) 小组讨论与头脑风暴

在人数不多，或分成小组的情况下，可以抛出一个话题，让听众自己进行讨论，并得出结论。

有时候为了获得更多的想法或了解人们不同的观点，可以运用头脑风暴的技术。给每个小组发放一张海报纸、几支马克笔和若干"报事贴"，能获得更好的效果。

(8) 听众分享

有些话题其实听众比演说者更有发言权，这时候不妨让他们自己来讲。比如给某家企业做培训，关于目前遇到的问题、用过的应对策略、员工的心态等话题，与其我们在那里猜测，不如把话筒交给听众中的意见领袖。而在游戏、测试练习、小组讨论以及头脑风暴后，让听众谈谈自己的想法和体会，能让他们觉得刚才的努力是受到重视和认可的。

与听众互动的注意事项

"我来到这个世界上不是为了达成他人的期望,我也不觉得这个世界应该达成我的期望。"

——弗雷德里克·皮尔斯(Friedrich Salomon Perls)

(1) 并不是所有人都想互动

人们不参与各有不同的原因:
- 有的是天生内向、不善表达和交际;
- 有的不是主动来参加的,比如下班后被领导要求来听的;
- 而有的可能只是情绪问题,比如刚在电话里和女朋友吵了一架。

每个人的人格、环境、经历和处世哲学不尽相同,没有谁可以来决定什么是正确的、哪个是错误的。

对于不愿参与的听众,我的原则是:

邀请他试着来参与,如果参与了还觉得没有意思,那么可以不参与,但不要对他人产生影响。

(2) 每个人准备互动的热身时间各不相同

我们要区分不愿参与的听众和没有准备好参与的听众之间的差别。后者往往是性格内向的人,他们心里渴望参与,但又不善于主动交流。我发现很多内向的人,在与一个群体的其他成员熟悉后,会表现得和外向的人没有差异。所以我认为内向和外向的区别,可能只是建立关系所需要的时间不同而已。

当我在演说中看到那些有点退却的、内向的听众时,我不会把他们立刻推到众人面前,那样反而会让他们更不愿意参与,甚至带来伤害。我会说:"对于这个活动,有些听众可能还没准备好,那没有关系,等你准备好我们随时欢迎你加入。"

(3) 请人上台的技巧

当我们要请听众上台参与角色扮演、发言或分享感受时,就会遇到一个问题:如何让他们上来。听众中会有一小部分人可能会特别外向主动,那么我们要祈祷这样的听众越多越好。而大部分听众哪怕心里想，也会因担心别人的看法（"他们会不会觉得我太爱出风头？"、"算了吧，枪打出头鸟"等）而不主动上台。如果听众互相熟悉，比如同一个企业的同事们，那么我常用的技巧是让大家推选一些代表。

如果现场是分组的，我会事先让小组选出他们的小组长，他们的权利和义务在这个时候就体现出来了。预备一些小奖品，也能提升人们上台的可能。

最后一招，是演说者点名。这是下下策，选择的目标，是那些坐在比较靠前面的，在你演说时目光一直看着你，不断点头，努力做笔记的听众，他们对你会更认同，比较不会拒绝你的邀请。

（4）不要只追求快乐，忘记了主题

参与和互动让听众快乐，但绝不要把演说变成一个有很多好玩活动的游乐场。我看到一些培训师为了博取学员的欢心，从头到尾都是游戏，结束之后，却什么也没有留下。

记住：任何一个互动的活动，都是为你的演说主题服务的，而不要本末倒置了。绝大部分的听众并不糊涂，顶多是在装糊涂而已。

> 演说的第六条规则：
> **听众喜欢参与其中**

规则6 | **互动**：人们都渴望成为主角

TRY 尝试与练习

互动素材库

很多时候，初学的演说者也想与台下互动，但是却不知该如何进行，以及什么时机适合互动。那么你不妨建立自己的互动素材库，把你看到过的演说互动形式记录下来，每次登台前都可以浏览一下，准备几个适合的互动环节。

互动形式	应用时机	步骤与技巧	道具
（示范） 让听众互相握手	开场时	1. 自我介绍 2. 请大家给自己一些微笑 3. 请大家把微笑分享给同伴，并举起右手 4. 互相微笑握手问候	无

069

规则 7 视觉化

你的大脑看了 200 万年

WHAT 痛点与问题

文字是个时髦的玩意儿

有一天和一位五十多岁、做学术研究的同行聊天，谈到微博对阅读带来的影响，以及读图时代的到来，她感叹道："哎，现在的年轻人越来越吃不起苦了，微博这东西太时髦，我不懂。可是那些搞了很多图片的书呀，都没有含金量……"她边摇着头，边从牙缝间"啧"了一声，"我还是喜欢那些大部头的书，那么多内容全都是一个字一个字写出来的，这才有水平！"

我完全同意那些专业文献的价值和水平，然而从历史的角度来看，真正时髦的并非图片，而是文字。

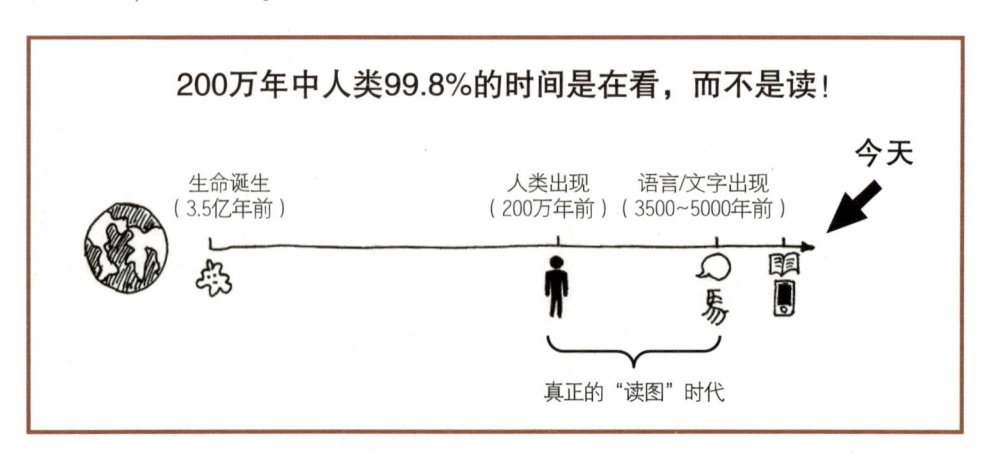

200万年中人类99.8%的时间是在看，而不是读！

生命诞生（3.5亿年前） —— 人类出现（200万年前） —— 语言/文字出现（3500~5000年前） —— 今天

真正的"读图"时代

漫长的原始生活中，我们的祖先每天睁开眼睛看到的是日出、蓝天、白云或者黑漆漆的洞穴岩壁；每天的工作是在森林里追踪猎物或采摘果实；他们的大脑最善于处理的就是各种图像：动物、植物、丛林、河流……他们的早晨从来都不是在一杯咖啡配一份《新闻晨报》中开始的；生存的方式，也不是打开 E-mail 或 Microsoft Word 软件进行文字的阅读和编辑。

所以，**文字对于大脑来说才是个时髦的玩意儿！**

A picture is worth a thousand words

这段标题，是一句英语的谚语，翻译成中文的意思就是：一张图片传递的信息，胜过千言万语。

心理学的大量实验研究证明这句话是千真万确的。研究者让被试者看一系列图片，每幅图片看的时间不超过 10 秒钟。几天以后，被试者能以至少 90% 的准确率回忆起其中的 2500 多张图片，一年后准确率仍达 63% 左右。

另外的研究表明：一条以口头方式提出的信息，在 72 小时后的记忆率只有 10%；如果在传递该口头信息的过程中加上一张图片，那么结果将上升到惊人的 65%！这现象被称为"图优效应"（The Pictorial Superiority Effect），简称 PSE。[12]

（图片来源：Wikipedia/Tryptofish）

演说心理学 Presentation Psychology

学习金字塔
CONE OF LEARNING

1946 年，美国著名学者爱德加·戴尔（Edgar Dale）首先发现并提出了"学习金字塔"（Cone of Learning）的理论。后来美国缅因州的国家训练实验室（National Training Laboratories）做了类似的研究，得出了和戴尔几乎一致的结论。

不同教学形式的学习两周后，学习内容平均留存率

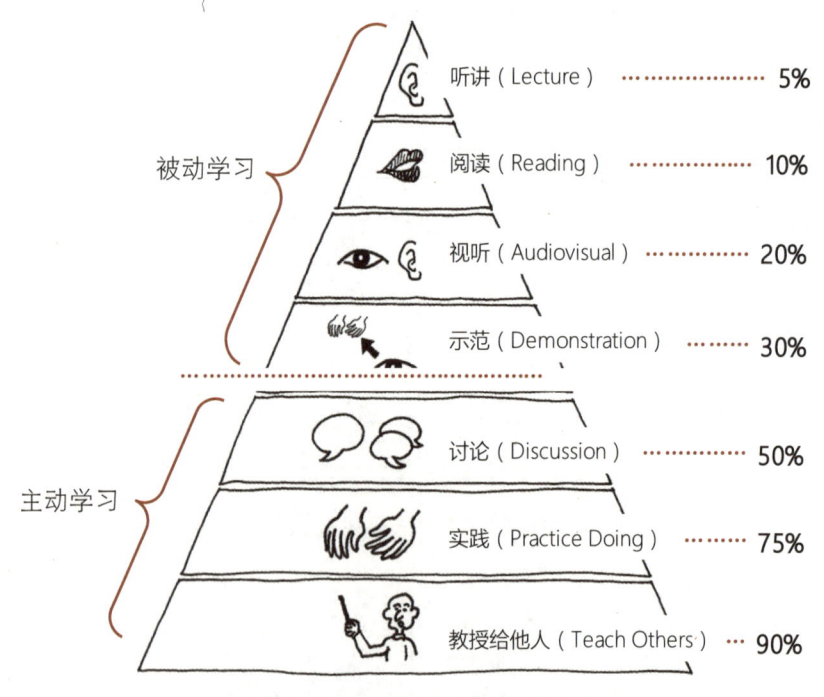

被动学习：
- 听讲（Lecture） ……… 5%
- 阅读（Reading） ……… 10%
- 视听（Audiovisual） ……… 20%
- 示范（Demonstration） ……… 30%

主动学习：
- 讨论（Discussion） ……… 50%
- 实践（Practice Doing） ……… 75%
- 教授给他人（Teach Others） ……… 90%

资料来源：国家训练实验室，美国缅因州
（National Training Laboratories）

规则 7 | **视觉化**：你的大脑看了 200 万年

"学习金字塔"的研究结论告诉我们：

（1）对于学习和记忆来说，规则 6 "互动"的效果最好；

（2）"视觉"的效果比"文字"要好。

视觉化提升信息传递的速度

视觉除了更有吸引力之外，对于信息接收的速度也有很大的提升。

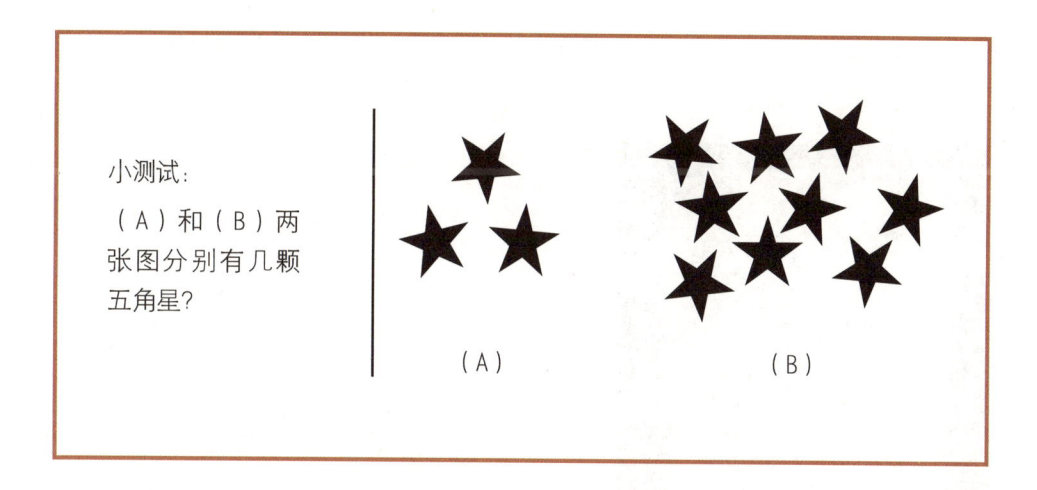

小测试：
（A）和（B）两张图分别有几颗五角星？

(A)　　　(B)

我想这个任务对你来说是轻而易举的。那你有没有注意到数两张图分别花了你多少时间？（B）可能要 1~2 秒，而（A）则几乎是在瞬间完成的。

你会说：是的，因为他们数量不同。事实的真相是刚才你的头脑运用了不同的方式在处理这两个任务。数（B）图形时你在计数（counting），你必须一个一个数才知道答案；而（A）你是用数量感知（subitizing），你只是"看"了一眼就知道答案了。当数量少于四个，每多计算一个图形会增加 40~80 毫秒，如果多于四个，每增加一个图形则要 250~350 毫秒。[13]

所以同样是数数，用的却是两种不同的功能，这与大脑中的前注意现象（pre-attentive）有关。和理性分析计算比起来，"看"的速度要快得多。

073

视觉化是一种思维方式

在演说中运用视觉化，不仅仅是多放几张图片。

视觉化是一种思维方式。

在设计演说提纲、准备演说素材的时候，可以通过"视觉化思维"来进行。我建议大家不要一开始就在电脑上进行操作。纸和笔，还有你偏爱图像的大脑是你最好的工具。和电脑操作比起来，我们的手指能更快速地记录头脑中闪过的念头。我们头脑中出现的不仅是文字，还有图像以及事物之间的关联。所以运用纸笔具有下列好处：

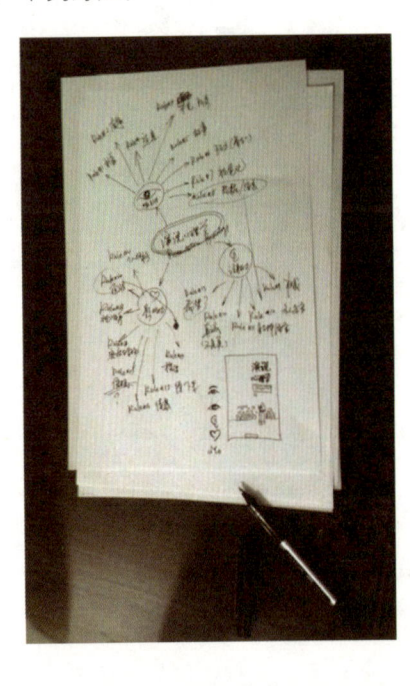

(1) 随时随地地记录

我的背包最外层袋子里有一本笔记本和一到两支笔，在任何时候，只要我有了灵感和想法，就可以记录下来，不管是在办公室、马路上、地铁里或某个旅游景点。

(2) 表达关系

事物之间有着千丝万缕的关系，在 Word 和 PPT 中它们也许只有先后的顺序。当然，我们可以运用各种图表来呈现它们的关系，但代价是你的效率，也许你能用 PPT 作出一张漂亮的逻辑图，但刚才的灵感可能已经溜掉了。说到这里，很多读者会想到东尼·博赞的"思维导图"（Mind Map），是的，这是样好东西。然而我非常不理解的是人们居然把思维导图做成了软件（如 Mindmanager 等），是因为现代人对电脑已经依赖成瘾了吗？手是大脑最好的执行者，不是电脑。我们可以用手在纸上画出任意的大小、图形和箭头，这只要几秒钟；而且手和大脑之间的连接是电脑无法替代的，当我们的手在写在画的时候，本身就会对大脑产生新的刺激作用。所以，使用纸笔的另一个好处就是激发灵感。

(3) 激发灵感

我在设计演说内容的时候，会先抛开逻辑结构，把能想到的所有东西都写下来，然后寻找其中的关系，有时在这个过程中又会激发新的创意。用这种模式设计出来的演说，常常会与众不同。

著名的华人设计大师包益民回忆他在美国加州设计艺术中心学院（Art Center College of Design）的学习生涯时，描述了这样的一次经历：

……他要我们每人都准备一个大开本的笔记本，要我们随时可以去做乱写和乱画的创意练习。

记得有一次，我们试着以星巴克咖啡为对象，设计广告及文案。不爱喝咖啡的我脑袋暂时卡住了，真的是想不出来。马克（该学院教授进阶广告学的老师 Mark Fenske——作者注）走到我手边，抓着我的手，在作业本上画了两个大圆圈，问我："你看这像什么？"

我看了看，不就是两个圆圈，能像什么？但我也不得不硬着头皮回答："像两个游泳池。"

听了我的胡言乱语后，他两眼放光，说："对，那为什么要有两个游泳池？"我好像也受到了一点儿启发地回答："一个是冷水，一个是温水。"

"很好，那这跟星巴克咖啡会有什么关系？"他的话才一讲完，我的灵感顿如泉涌："一个是冰咖啡，一个是热咖啡"，"可以在热咖啡里游泳，也可以在冰咖啡里游泳"，"可以热的时候喝，也可以冷的时候喝"……

他笑着点点头，说："包，你懂了！不要坐下来空想，要以行动回应信息。"[14]

不要坐下来空想，要以行动回应信息！

下一次你不知道如何设计演说的时候，不妨拿出纸和笔随意地乱写乱画。

❶ 图片

不要在你的 PPT 里使用大段的文字，否则为什么不使用 Word 呢？PPT 是要来放 Power Point——重要观点的，并配合大量的图片。放什么图片呢？

与听众利益相关的、有趣的、发生在身边的、强烈对比的……与我前面的几条规则结合起来运用。

❷ 视频

比起图片，视频的信息量更大，表现形式更立体，效果也更有趣。当听众快要睡着时，一段与主题相关又有趣的视频，是很好的兴奋剂。使用视频需要把握好时间，3 分钟以内的效果最好，超过 5 分钟，听众会觉得你的演说有些水。

❸ 图表

在展现众多数据的时候，图表是一种有力的工具，它的意义在于：反映数据之间的关系。使用图表的关键是简洁，避免过多的颜色和注释信息干扰听众的注意力。

❹ 逻辑关系图

逻辑关系图是你思维方式的视觉化呈现，用来表现事物之间的关联，尤其在描述抽象复杂的内容时可用。

❺ 颜色与符号

文字和图片本身都包含大量的信息，如果希望更加简洁，运用颜色和设计过的符号是不错的选择。不同颜色可以区分类似事物的差别（例如，不同线路的地铁用不同的颜色标识），而符号则是信息的浓缩。

规则 7 | 视觉化：你的大脑看了 200 万年

视觉化案例

❶ 图片　　这是我为客户作PPT调整的一张前后对比，该PPT是用于向客户作产品介绍的方案。原来页面文字太多字体又太小，增加了听众阅读的难度，也容易让人失去兴趣。而运用大幅的图片，一方面吸引了眼球，同时在客户心中激发起对无线技术的积极情感。

❷ 视频　　这是著名的苏珊大婶（Susan Boyle）在"英国达人秀"中第一次登台的视频，我在演说中引用该视频里评审的表情变化，向听众介绍面部表情与内心感受的关系。视频作为演说的重要素材，一方面能提高你证据的说服力，同时也能产生有趣的效果。

077

❸ 图表　　这两张幻灯片都用到了同一个组织行为学的研究（不同的经理人是如何分配时间的）。前一张把三组数据放在一个页面中，而且需要听众不断对比各种颜色和下面的注释才能知道各项数据的意义；后一张是我在"管理者的沟通心理学"中使用的该研究，我把三组数据分在三个页面展示，而且把每个注释直接列在数据的下面，更直接清晰。

> 在演说中，一开始就支持你的听众和反对你的听众都是少数，大部分听众都在观望，根据你的表现作出自己的判断，进而对你支持或者不支持。
> 所以开场技巧很重要！

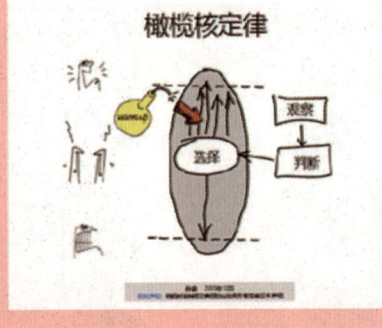

❹ 逻辑关系图　　左边是我在讲TTT（培训培训师培训）课程中，分析听众心理和开场技巧的一段话，而在展示的幻灯片上，我则运用逻辑关系图，将听众看不见摸不到的心理活动，通过视觉化的方式呈现出来，以便于听众理解和掌握。

规则 7 | 视觉化：你的大脑看了 200 万年

⑤ 颜色与符号　　左边是某企业 "产品三包规定"的内容，用于对员工进行内部培训，他们的培训负责人觉得这些内容枯燥而乏味，又不容易记忆，于是我帮他们调整了一下。实际工作中，这些书面规定其实并不需要一字不漏地背下来，只要记住条款的关键点。

我认为里面的关键点主要是两个：时间节点和服务范围。于是我把那些关键词用符号来代替，并分布在时间轴上。于是，复杂的文字就变成区区几个图标，几分钟就记住了。

这是我在一个多月前给他们做的培训，印象很深刻，因为那天是圣诞节。虽然那么多天过去了，我还是能把他们的三包规定背出来。

演说的第七条规则：
听众喜欢看图像

079

学习如何收集高品质的图片

当我们知道了视觉化的重要性，有的读者又会想——哪里去找高品质的图片呢？有的照片不好看，有的好看但分辨率不够……作者专门录了一个音频专辑《培训私房课》，介绍了很多这方面的小技巧和小经验。如果你感兴趣。就扫二维码学习吧。

音频学习

如何收集高品质的图片

扫码收听 ▶

规则 7 | 视觉化：你的大脑看了 200 万年

PRACTICE 实践

黄　璜

AHa 幸福学院 2016 级门徒、杭州分院负责人、学习体验与呈现艺术专业合伙顾问
新西兰梅西大学小型企业管理专业学士，AACTP 国际注册培训师、浙江大学医学院精卫中心杭州七院心身科进修
近 10 年留学行业咨询顾问与服务经验

我如何教留学生做一个有效的行李挂牌

　　我在新西兰读完大学回国，做的第一份职业是留学咨询，工作中需要为客户开发并讲授课程。想到讲课，我的头脑中自然就浮现出这样的画面：一张方方正正的讲台，后面是满幅字的 PPT，还有一位滔滔不绝的讲师……于是我就成为了这样的老师。然而台下的听众都很年轻，对于这样的讲座显然毫无兴趣。尽管我做了大量准备，花了几个星期在 PPT 上摆放各种干货和照片，却难以达到预期的效果。

　　有幸让我在 2016 年遇到 AHa 幸福学院，并追随孙彦老师学习演说、课程开发和学习体验设计等，让我对于演说这件事有了一个思维上的升级迭代。三年的学习，让我领悟讲课不只是我原来头脑里的样子。

　　去年我开发的课程中有一个关于"行李挂牌"的细节，让自己特别有成就感。很多普通游客都有自己的方法识别行李，例如把手上不同颜色的绳子或现成购买的行李挂牌，这对于去国外留学的学生是非常重要的。一个人在外，又缺乏海外生活经验，特制的行李挂牌能避免很多不必要的麻烦。有一次我就接待了这样一位男生

081

的咨询，他在等行李时与接机人通话，一不留神拿错箱子，到家打开箱子傻眼了，里面全是女生的衣服。然而，箱子上没有任何挂牌标记显示它的主人姓名和联系方式，而他自己的行李也同样没有相关信息。

一般老师讲这个内容，就会用PPT介绍行李挂牌的N个重要性，再用一些图片展示如何制作自己的挂牌，上面要有哪些信息。受孙老师课程反复熏陶的我，在思考这部分授课方式时，就想起孙老师经常说的话——学员不是听会的，而是做会的！

于是，我决定增加两个现场互动，让即将出国的学生真正掌握行李挂牌的制作要点：

(1) 让听众自己说

在讲行李挂牌上应该有哪些重要信息时，我并没有用PPT展示这些内容，而是先给听众讲上面那个拿错行李的男生的故事，然后问大家"一旦遇到这种情况，如果挂牌上有哪些信息，就能提高找回行李的可能性与效率呢？"就像规则5讲到的，人们都爱听故事，所以立刻吸引了听众的注意力，他们仿佛身临其境，听到这个问题，就纷纷踊跃回答，最后我才用PPT做了总结。当他们能够通过自己的思考并说出来，还能比较自己和他人的答案，对于这部分的内容就会印象更深，在教育心理学里这就是"主动学习"。

(2) 让听众自己做

当听众认为这部分内容应该讲完了，没想到我却拿出一堆真实的行李挂牌，发给每个学生。看到有实物并且可以亲自尝试，大家变得更加兴奋和跃跃欲试了。其实在演说现场，每个人都渴望成为主角。于是我先示范，再让大家自己动手完成行李挂牌的制作，最后请几位听众来展示他们的作品并让大家点评，整个过程气氛一直那么热烈而融洽。

我的启示：故事+互动，让听众在享受演说的同时，真正有所收获

通过这个小环节的故事分享、互动提问和动手实践，让听众对内容有全方位的感官体验，对信息的吸收和内化也是极其有效的。一个好的演说，不仅要让眼睛看到，还要让身体体验到。再借孙老师的一句话结尾——**每一个要传达的信息，都应该被设计过！**

说服力篇
Persuasive

规则 8　**权威**

社会说服与专业沉淀

一个关于记忆的实验

周末的上午,当你正为下午不知道要干什么而踌躇的时候,电话铃响了。是你的同事,她最近正对心理学着迷,有时候还会去大学听相关的讲座,她打电话是想请你陪她一起,去本地著名的大学参加一个心理学的实验。

既然有人帮你安排好了,就去吧。你们来到一栋看上去有些年头的教学楼,实验就在里面某间实验室进行。你们被告知这项实验是关于"惩罚对学习和记忆的影响",然后你被单独带进实验室,里面有个身着白色大卦(就像医院里医生穿的那种)的中年人,还有另一个陌生人。中年人自我介绍说他是这所学校心理系的主任、教授以及这次实验的设计者和主持人。他宣布你和陌生人将通过抽签的方式,决定谁扮演老师谁扮演学生。接着他拿出一顶帽子,里面放着两张折好的纸条,你随手拿了一张打开,上面写着"老师",那个陌生人说"我抽到的是学生"。于是,他被助理带进里面的小房间作准备。你则坐在外间的一张桌

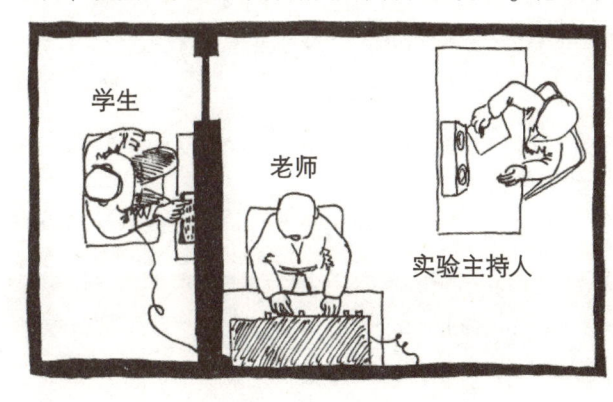

子边，和主持人在同一个房间，实验的规则是学生在里面背规定的单词，若出错则老师启动面前电箱上的旋钮，给予里面的学生电流刺激。你看到电箱上的电击强度从 15~450 伏特，按照规则每次犯错增加 15 伏特。

实验开始了，里面的学生很快开始犯第一个错，于是你启动了 15 伏的开关，接下来是第二次，30 伏……当第五次犯错后，你启动了 75 伏，这时里面的学生开始发出轻声的嘟囔，显然他开始觉得不舒服了；到了 120 伏他开始喊痛；200 伏他大叫"血管里的血都冻住了"；到了 300 伏他开始拒绝回答问题；当超过 330 伏后，你突然发现里面变得很安静了。

电压	"学生"的反应
75 V	嘟囔
120 V	痛叫
150 V	他说，想退出试验
200 V	大叫："血管里的血都冻住了。"
300 V	拒绝回答问题
超过 330 V	静默

不用担心，你并没有电死他，这一切只是一个假设。然而，接下来的问题却很关键：

假如你知道了这些电击强度将带来学生怎样的反应后，你觉得自己会在几伏的时候停止电击？哪怕实验主持人（这所著名大学的心理系主任、教授）对你说："没关系，继续。" 75 伏？120 伏？150 伏？还是 200 伏？抑或是……将实验进行到底？如果不出意料的话，我猜你给出的答案会是 120~150 伏。同时你也许会在心里想：天哪，这是什么鬼实验，简直要人命。

好了，现在该揭晓谜底了！刚才的描述是一个真实的实验，由耶鲁大学心理学家斯坦利·米尔格拉姆设计。这是社会心理学的经典实验——米尔格拉姆权威服从实验（Milgram Experiment, Obedience to Authority Study），同时也因为实验过程中被试者所承受的心理压力，而成为一个饱受争议的实验。

规则8 | **权威**：社会说服与专业沉淀

WHY
心理现象与概念

权威服从

斯坦利·米尔格拉姆出生于犹太裔家庭，为纪念二战中被谋杀的同胞，他开始思考：作为普通德国士兵，面对手无寸铁的人实施屠杀时，他们是否会受到内心道德和良知的谴责呢？还是长官的命令更重要？

1961年7月，他着手本实验。首先他向110个精神病学家、大学生、中产阶级成人描述了本实验，问他们会在几伏处停止给电。这三个群体的答案平均是135伏，没人想进行到300伏以上。然而事实是，在实验选用的40个被试者（不同职业，20~50岁）中，有26人（65%）一直进行到450伏。而且所有进行到450伏的人都服从了心理学家的命令，又做了2次进一步的测验，直到实验者喊停为止。

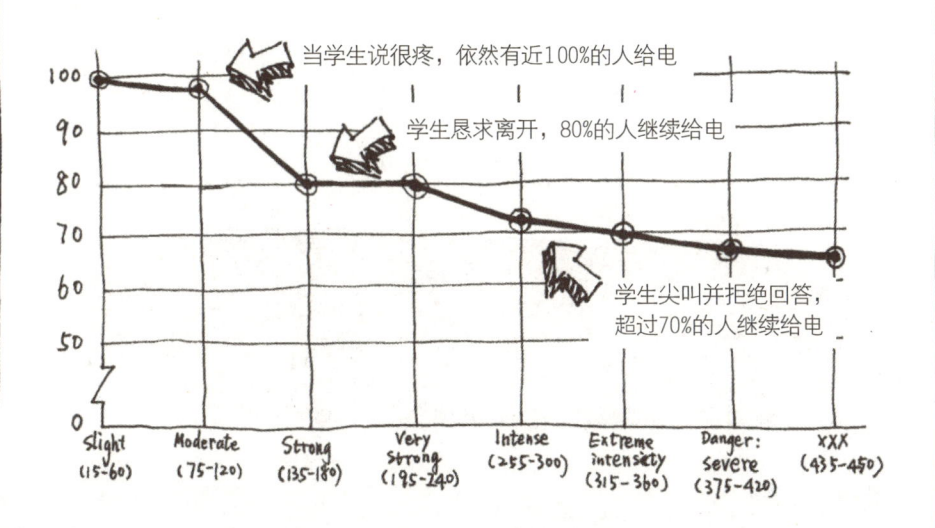

当学生说很疼，依然有近100%的人给电
学生恳求离开，80%的人继续给电
学生尖叫并拒绝回答，超过70%的人继续给电

横轴：Slight (15-60)、Moderate (75-120)、Strong (135-180)、Very Strong (195-240)、Intense (255-300)、Extreme intensity (315-360)、Danger: severe (375-420)、XXX (435-450)

实验结论：权威，有时候比道德和理智更容易让人服从！

087

权威更能说服他人

权威服从的根源，来自对父母的移情，及几千年社会生活中对学校与老师、法律与警察、医生以及宗教的恐惧和服从。

米尔格拉姆实验似乎有些骇人听闻，但在现实生活中权威的力量无处不在。广告业深谙此道，并从中受益：明星做的各种美容美发护肤产品广告、运用穿着白大褂的（这点很重要①）齿科专家形象做的牙膏广告、著名电视主持人代言的广告等。

市场研究证实：广告的投放和日用消费品的销量成正比关系。尽管最近几年不断有一些名人代言产品质量不合格的报道，但无数的名人依然被邀请成为产品广告的主角，消费者依然在购买。是消费者愚蠢吗？不是，这些消费者有高学历者，有企业高级白领，然而他们的理智难以抵挡心中的非理性念头：既然他们请得起明星，那么这家企业就是有实力的；这个演员拍的电影和电视我喜欢，所以他代言的产品我也相信。

请问在看病时，你会和医生讨价还价吗？应该不会，因为他对于我们的生命和健康来说是权威。所以医生是顾问式销售运用得最好的案例。

我们可以从医生和名人代言这些现象中得到怎样的启发呢？

——当我们成为权威时，他人会更加信任我们。

> **演说的第八条规则：**
> **听众认为权威的演说者更有说服力**

---

① 在后面的内容里会提到，衣着对权威感的影响是巨大的。一件白大褂就会让我们觉得对方是医生或者科研人员，总之他是个专业人士，科学的代名词。在米尔格拉姆实验中有一个变量就是白大褂，当实验主持人穿着它时，将实验进行到底的被试者数量比不穿的要高。——作者注

规则 8 | **权威**：社会说服与专业沉淀

HOW 应对策略与技巧

演说者首先要是个权威

在我从事了十几年的培训和演说行业，拥有一支庞大的培训师队伍：里面不乏优秀的学术研究者，经验丰富的企业高管，以及在各自领域实践摸索多年的专家等；同时，还有一大批因企业发展太快，被逼上培训师岗位的年轻讲师，或是看了几本书就出来培训的，甚至有听某个老师课听多了自己背出来了然后就讲课的。有时只能感叹：现在的人真敢上台讲啊！

这些现象的出现，和市场的规范、客户的鉴别能力以及整个社会的压力等因素都不无关系。这让我想到了以前的一个称谓——"师傅"。

师傅的内涵

师傅
对有专门技艺的工匠的尊称、对某行当的权威或有技术的人的尊称。那些做了一辈子的学问、艺术、铁匠、木匠的人，才有资格被称为师傅。

- 拥有该领域丰富的知识
- 熟练掌握该领域的技能
- 自己有过多年实践经验
- 总结出自己的思想智慧
- 历史文化传承的责任感

089

"师傅"是个充满内涵的称呼，这种称呼本身具有巨大的责任感和使命感。而现在的"培训师"更多地意味着一种光鲜的名头和赚钱的职业。

舞台上的演说者应当意识到自己肩上的责任，应当为自己说出来的话负起更多责任。作为听众理想化的对象，演说者说的每一句话，都有巨大的影响力。一句不经意的话，也许能鼓励某些听众，也许能启发某些听众，当然也可能是伤害了某些听众，或者误导了某些听众。

当我们准备踏上舞台时，好好地问自己：

——我是否真的是这个领域内的专家和权威呢？还是只比听众多看了几本书？

——我自己是否正在或曾经用这些知识或方法，并成功达成目标呢？还是在自己身上运用的是另外一套哲学？

——我的内容对他们真的有帮助吗？如果下面都是我最亲的家人，我还会这么说吗？

如何迈向权威

也许你喜欢分享，也许你热爱演说。同时，却发现自己离前一页上那些"师傅"的内涵还差很远，怎么办呢？

当今的社会发展迅速，如果你已经开始或准备开始演说之路，那么不妨一边工作一边学习和成长——当然也要付出更多努力。

(1) 了解自己的优势

工业社会的发展，促进了产品的批量化生产，在工业产品的管理过程中，人们逐渐形成了一个特点——关注缺陷。我们对正常的产品反而熟视无睹，发现有缺陷的产品我们的眼睛却亮了。另一方面，在中国五千年的儒家文化熏陶下，我们被告知"谦虚使人进步，骄傲使人落后"，"谨慎"和"中庸"是无上的美德，我们已习惯于批评和被批评，却忘记了如何欣赏和赞美他人，还有自己。

大部分人在成长过程中都被要求改正自己的缺点，这是何其困难的事情啊。因为很多东西是难以被改变的，比如我们的性格、几十年的习惯等。也许你经过努力的确改了，但你幸福吗？你成为的是一个不是"你"的你。

20世纪末，西方心理学家开始推动一股新的浪潮——"积极心理学"（Positive Psychology），开始把焦点放在人的优势上，而不是缺陷上。

积极心理学认为，这是一种思维方式的转变，过去人们把过多的精力放在病态的问题上（临床心理学的研究领域），却少有人来关注健康、正常的人如何获得幸福的体验。

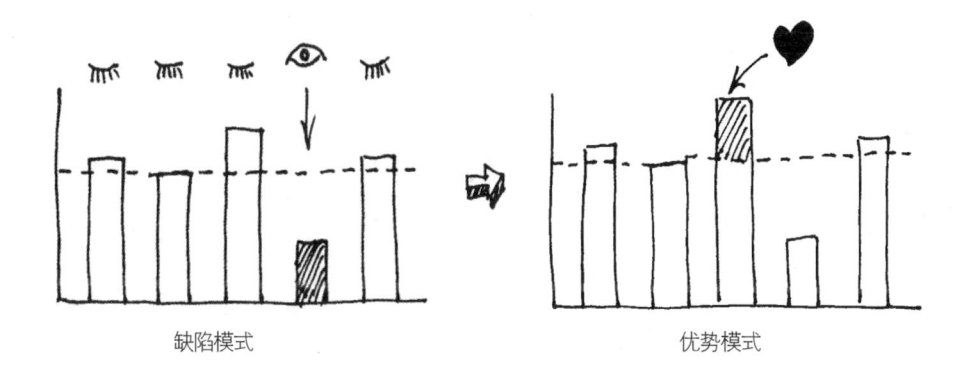

缺陷模式　　　　　　　　　优势模式

一个演说者最值得分享的，就是自身的优势：
- 擅长的知识和技能；
- 成功的启示与经验；
- 以及那些成功背后具体的故事、方法。

除此之外，还有那些也许已被你遗忘的童年经历：
- 小时候你最喜欢和得心应手的事情；
- 别的小朋友总是羡慕和感叹你的地方；
- 那些总是被父母和老师赞赏的闪光点。

把你的优势作为演说的内容，你会表现得更自信，讲得更得心应手，对听众也会带来最大的帮助。

（2）打好理论基础

专业和业余的区别之一，是专业人士不仅有实践经验，更能上升到理论层面。理论是智慧的凝缩和结晶，将零散的、看似无关的经验和知识，总结并概括成规律，然后验证它们。没有实践的理论固然是毫无意义的；而没有理论的实践则是偶然的、没有说服力的。理论体现的不仅是动手和解决问题的能力，更是思考的深度。

如果你找到了自己的优势演说领域，接下来就要在这块田地上努力耕耘了。首先要找到相关的科学理论体系来支撑自己的观点。比如在良莠不齐的培训市场上，我以心理学的理论和研究作为基础，结合工作实践发展出我的"演说心理学"和"心理学在管理中的应用"等相关培训课程。

科学理论体系的学习研究有如下途径：
- 选择一门相关专业的学历教育；
- 参加相关专业的短期培训、专家讲座；
- 专业书籍的自我学习；
- 踏入专业的圈子。

没有"一定""必须"的方法，适合自己就好。无论什么样的方式，不要仅仅学习表面的理论、知识、技能和案例，重要的是

——培养严谨、专业和科学的思维方式。

（3）创造和积累

经过一段时间的刻苦钻研，你将对本领域有整体的、框架性的和结构化的认识，并具备了专业的头脑。这时，可以开始进行思考和创造的工作。引用别人的理论和观点，我们只能做个普通的教书匠；唯有进行再创造——发展不同的、新的或更具体的观点及领域，才是成为演说大师的开始。同时，要在平时做好积累工作，把你学习和发展的知识、方法、案例等素材积累起来，这些都是你演说的宝贵财富！

规则 8 | **权威：**社会说服与专业沉淀

挖掘你的"擅长"

试着根据以下提示问题，在方框内随心所欲地填写你联想到的答案：

你的大学读什么专业？受过其他什么专业培训？

从小到大，人们如何谈论你的优点？

从小到大最喜欢和得心应手的事是什么？

曾经获得过什么了不起的成功？你认为是什么品质让你获得了这样的成功？

从以上答案中，凭直觉选出你认为最重要的三个词填在下面：

_____ _____ _____

也许，这就是你成为权威的开始……

规则 9 专业

行为说服与职业风范

WHAT 痛点与问题

我们为何做培训

在一次培训师论坛中，我带领现场七十多位有一定经验的培训师做了一个游戏：让大家按照设定的要求用牙签摆放成规定的形状，重点是，先完成的成员可以帮助未完成的成员，但不能讲话，不能肢体接触，唯一的沟通方式是当对方做对了可以点头示意。现场有人快有人慢，先完成的成员便开始帮助其他人。刚开始，他们充满了热情，但和我的预测一样，过不了几分钟事情就会变化了。虽然全场没有人说话，但大家都能感觉到空气中的情绪张力，这些热心的帮助者开始变得郁闷、焦虑、不耐烦甚至愤怒——因为他们发现自己很起劲，但他们的帮助对象连看都不愿看他们一眼，只顾埋头思考或尝试，哪怕帮助者不断点头示意他们也完全看不到。游戏结束后，很多帮助者感到了前所未有的挫败感。接下来我让大家分享，于是帮助者们迫不及待地表达出自己的情绪，或者责怪被帮助者缺乏沟通和交流。

最后我问了大家两个问题：一是如果他们不和你交流，花很长时间自己做，你有什么感觉？二是如果他们放弃思考，在你帮助下完成，你又有什么感觉？我得到的答案是：一是焦急、烦躁、挫败、纠结、生气等；二是高兴、喜悦、成就感。

接下来的结论，让有多年经验的培训师们沉默了几秒钟——

所以我们做培训，究竟是为了帮助别人，还是为了获得"高兴、喜悦和成就感"呢？

规则9 | 专业：行为说服与职业风范

内在动机

美国麻省理工学院的行为经济学教授丹·艾瑞里（Dan Ariely）和同事设计了一个电脑游戏：当你坐在屏幕前，会看到左边不断出现圆圈，右边是个方框，你的任务就是用鼠标把尽可能多的圆圈拖到方框里。一共5分钟的时间，看你能拖多少个。5分钟后，你有三种可能的回报：5美元、50美分和什么都没有（帮忙性质）。

请问，你觉得自己在哪种回报方式下的表现会最好呢？5美元？

研究发现：得到5美元的参与者平均拖了159个圆圈，50美分拖了101个。所以，钱拿得多的参与者，的确比拿得少的要卖力。

那么没有给钱的呢？是不是更少了？不——他们平均拖了168个。[15]

为什么没有回报成绩反而更好？

5美元 ➡ 159个 ⎫
                    ⎬ 多劳多得 ➡ 💵 外在动机：金钱
50美分 ➡ 101个 ⎭

0 ➡ 168个 ➡ 🙂 内在动机：兴趣

41岁的奥运七朝元老

2016年里约奥运会的跳马决赛，丘索维金娜出场，她选择了全场难度最高的前手翻团身前空翻，第一跳，空中翻腾动作完美，却在落地时出现失误。第二跳，同样是在落地时出现了失误。这样，这位41岁的体操运动员，以奥运会第七的成绩，赢得了全场最热烈的掌声和敬意。7岁开始练习体操，17岁，在巴塞罗那奥运会夺得女子团体金牌。1996年亚特兰大奥运会后，丘索维金娜退役。但不久，儿子阿里什被确诊患有白血病的现实，让时年已经27岁的丘索维金娜，选择复出。

为了给儿子治病，她艰苦训练，到处比赛，不敢生病，不敢受伤，不敢休息，不敢停赛。这个"你未痊愈我不敢老"的故事，如今已经成为奥运经典。

2002年釜山亚运会，27岁的丘索维金娜连夺跳马和自由体操两枚金牌，震惊世界。为了给儿子筹措更多的治疗费用，2006年，丘索维金娜加入德国国籍，2008年，33岁的丘索维金娜代表德国队夺得北京奥运会女子跳马银牌。2012年伦敦奥运会，丘索维金娜已经37岁，但她还是获得了跳马项目第五名。

后来儿子痊愈，这让丘索维金娜完全卸下了经济负担。2016年里约奥运会，重回祖国怀抱的她作为唯一的女子体操运动员，代表乌兹别克斯坦出战，此时她已经41岁。

丘索维金娜说：

"体操是我的兴趣和爱好，热爱是我不断坚持的最大动力。它时刻鼓舞着我、激励着我，让我的体操生涯能坚持到现在。这是我喜欢做的事情，并愿意为之付诸努力。站在赛场上，看到那么多人为我鼓掌加油，这是我的荣幸。"

专业首先是一种态度

和体操以及其他任何运动项目一样，演说也有职业选手和业余选手之分。所谓职业选手，就是经过专业的训练、专门从事某个项目，并以此谋生的选手。不管你现在是否以演说谋生，要达到最佳的演说效果，以专业选手为标杆一定不会错到哪里去。很多人想到专业就想到技术和技巧——这种想法很不专业。

专业首先是一种态度。

态度（1）：金钱 vs. 热爱

你演说是因为喜欢，还是因为它比较有"钱途"？

几乎每个月，都会有听过我演说或培训的听众约我喝咖啡，询问关于如何转型做培训师的问题。他们来自各行各业，企业 HR 和管理层比较多，其他如学校、金融、建筑、IT 等五花八门都有。我通常会问的第一个问题是："你为什么要做一名培训师？"有些人因为喜欢做一件事情，而把它变成了职业；有些人则因为某个职业比较赚钱，而去从事。赚钱是天经地义、无可厚非的事情。问题在于，我们把赚钱看成是目标还是结果。正如我们之前提到的 MIT 的行为经济学实验。

20 世纪 70 年代，罗切斯特大学的心理学教授爱德华·L. 戴西（Edward L. Deci）和理查德·瑞安（Richard Ryan）通过实验研究证明：人们从事一项工作受到两种动力驱使——外在动机和内在动机。外在动机就是金钱、工作环境等物质激励；内在动机和兴趣、成就等有关。受内在动机驱使而从事某种活动时，人们会表现出更强烈的兴趣、兴奋和自信；同时会发挥更好的水平、有更出色的表现，也表现出更加持久的坚持性和独特的创造力。但是，当人们完成某项感兴趣的任务，如果给予他们报酬（尤其当这些报酬是可以控制的时候），他们从事该活动的内在动机就会降低。

有一本有趣的、广为流传的历史类书《明朝那些事儿》，作者笔名"当年明月"，本名石悦，是广东顺德海关的一名公务员。在一次电视采访中，主持人问他：既然那么多的读者喜欢你的作品，为什么不改行当作家？他说：业余写这些东西很有意思，但把它当作谋生工具，那么就变成任务了，乐趣也就没有了。

他这番话的背后，就是外在动机和内在动机对人决策的影响。

把金钱当作目标会很累，且没有乐趣……

与此相对的，是另一个故事：

老人家门口有一片公共草地，老人非常享受每天安静地在草地上晒太阳。可是从某一天开始，一群孩子开始来草地上玩，非常吵闹。老人心里很想把这群孩子赶走，但草地毕竟是公共设施。老人也知道，越是驱赶，孩子们会来玩得更开心。怎么办呢？老人想了一个办法。他对这些孩子们说："小朋友们，你们明天继续来玩吧，只要你们来，我就给你们一人1美元！"这群小孩子喜出望外，于是第二天又来了。这样几天之后，老人说："孩子们，我不能再给你们1美元了。我只能给你们每人0.5美元了。"孩子们有些不悦，但是也接受了。又过了几天，老人说："从明天开始，我只能给你们每人5美分了。"于是孩子们纷纷说："5美分太少了，以后我们再也不来了！"

这个故事里的老人，就是成功地用"金钱"替代了"热爱"，改变了孩子们来玩的动机。

一个职业演说者（比如我）也要赚钱，但钱不是首要目标，而是工作的结果——我用演说

规则9 | **专业**：行为说服与职业风范

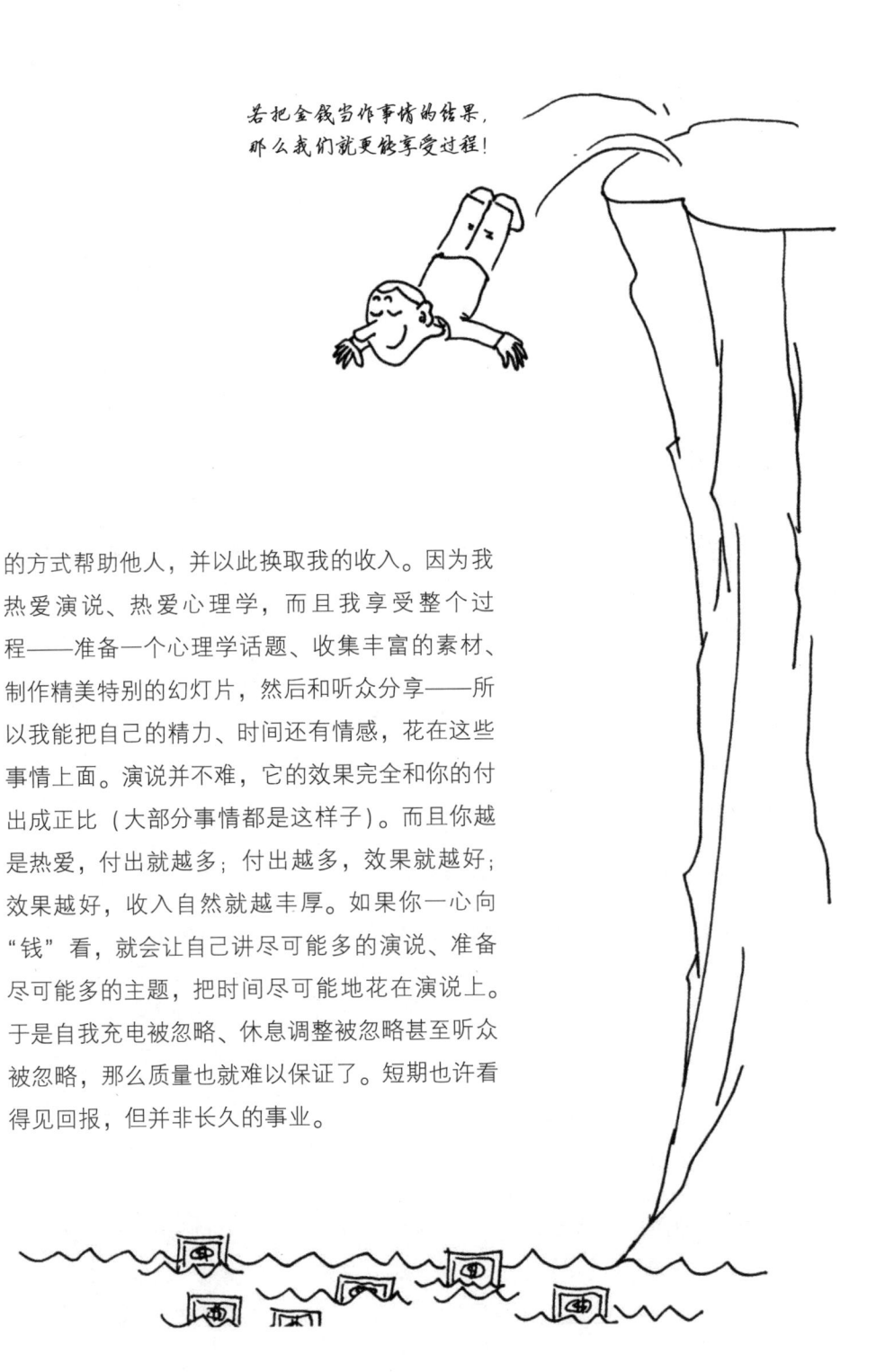

> 若把金钱当作事情的结果，那么我们就更能享受过程！

的方式帮助他人，并以此换取我的收入。因为我热爱演说、热爱心理学，而且我享受整个过程——准备一个心理学话题、收集丰富的素材、制作精美特别的幻灯片，然后和听众分享——所以我能把自己的精力、时间还有情感，花在这些事情上面。演说并不难，它的效果完全和你的付出成正比（大部分事情都是这样子）。而且你越是热爱，付出就越多；付出越多，效果就越好；效果越好，收入自然就越丰厚。如果你一心向"钱"看，就会让自己讲尽可能多的演说、准备尽可能多的主题，把时间尽可能地花在演说上。于是自我充电被忽略、休息调整被忽略甚至听众被忽略，那么质量也就难以保证了。短期也许看得见回报，但并非长久的事业。

态度（2）：成就 vs. 谦卑

演说行业吸引人，除了意识层面的收入，还有潜意识里的动力——成就感。

舞台下面有几十甚至几百双眼睛关注着你，你的幽默会逗得他们哈哈大笑，你说到情深之处会令他们为之动容，你的精彩观点则让他们报以热烈的掌声，演说结束他们还会围绕着你，听众的欣赏、认同、羡慕、感谢……都能轻易地激发演说者的多巴胺！

在这样一个行业，我们很容易迷失自己。年轻的演说者为了潜意识里的成就动机，会讨好听众，收起自己的观点，注重形式而忽略了内容。很多有一定经验的演说者、培训师在掌声和鲜花里慢慢变得骄傲、自我、虚荣，而忽视了听众。

还记得本规则一开始提出的问题吗？

——我们做培训，究竟是为了帮助别人，还是为了获得"高兴、喜悦和成就感"？

专业的第二个态度，就是要小心落入这个陷阱——利用演说实现自己内心的满足感和成就感。我们在成功的演说后，当然可以体验并享受因此带来的满足和成就感，然而要避免把这种体验变成我们追求的目标。

而谦卑的态度，让我们时刻保持理性和清醒，对专业知识、对听众保持一份感激和敬畏，也许这样我们能走得更远些。

态度（3）：上了舞台，就要把戏好好演完

在八九年前，我曾为一家民营集团公司做培训，因为培训反响很好，总部就要求各地的经销商也要参加这个培训。因为培训的经费由经销商自己承担，所以他们的反应各不相同，有些觉得能参加培训是很好的学习机会，有的则认为自己要花一笔冤枉钱了。当我第三场到沈阳时，正值北方最冷的时候，我猜是为了节约成本，培训被安排在了一个偏远的宾馆，结果培训教室的暖气坏了，空调不给力，学员穿着厚厚的大衣，一边发抖一边听课，而我，穿着一件衬衫和西装就在那里讲课，等一天讲完，我的脚几乎就没有知觉了。要命的是，房间里的暖气也不足。这恐怕是我经历过最"冻人"的一次培训了。

让我坚持到底的，是一个信念——作为职业培训师，只要上了讲台，不管发生什么意外，只要听众还在那里，我就要把培训做完。演说者的成就，是因为有听众

的存在。尊重听众，就是尊重自己和自己的职业。

当然，我们也会遇到各种不同的听众。有时候我会被邀请到企业年会或部门活动中进行演说，有一次是为一家银行的团干部培训，地点是在茶坊，下面的桌子上不是讲义，而是叠了一层又一层的食物，我有种感觉仿佛自己变身为天津茶馆里的相声演员。然而听众还是非常认真，在我演说时轻声地喝茶，也很少吃东西，其实这样的气氛也很好。

而有些听众则比较过分，不尊重演说者。有一次演说被安排在企业茶话会上，听完演说他们还有一顿大餐。在开始的半个小时里，有人迟到、有人大声地啜茶、有人在现场接听电话、有人毫不避讳地交谈、食物在我面前飞来飞去……我知道我的演说成为了一笔必须花掉的经费的幌子，直接扔下话筒走人的念头升起了好几回。然而，我知道我不能这么做。心理学的归因理论①告诉我：如果我此刻放弃，他们绝不会认为这是他们的不尊重行为引起的，他们一定会说："你们看，这老师不行，多没有腔调，心理素质不行，hold不住场面。"于是，我集中注意力继续演说，我知道下面一定还有感兴趣的听众，我就当讲给他们听。随着我呈现出更多有趣的内容、震撼的观点，听众渐渐安静下来，演说结束后还是得到了听众的认可。

不要放弃，舞台就是演说者的工作场所，和任何一个工作一样，不如意的事情就是演说工作的成本。一旦我们站上了舞台，就要认真地讲，并问心无愧地走下舞台。

---

① 归因理论建立在美国心理学家海德的"社会认知理论"和"人际关系理论"基础上，后经斯坦福大学教授罗斯和澳大利亚心理学家安德鲁斯等人推动而发展。归因理论是研究人们对事物的发生、结果及因果关系进行解释、控制和预测的行为。——作者注

专业的内容

内容是否专业是体现演说专业性最重要的衡量标准。如何准备专业的内容，其实功夫在平时，之前"权威"一章已经给出了部分答案。当你完成一个演说的大纲或幻灯片后，还可以从下面的问题来审视这次演说的专业性：

（1）我的观点站得住脚吗？科学吗？

例如"人的心理问题由童年的经历决定"这样的主题，就值得推敲。在弗洛伊德发展出精神分析理论的早期，也许这样的观点还站得住脚，但今天来看已经有很大问题了。大量的临床和实证研究表明，成人期遇到的创伤一样会改变人格，并引发心理问题。所以这个主题改为"童年经历对人的心理问题有重要影响"会更科学。

（2）我的观点是否全面？还是只是片面的？

哪怕时间不允许我们把全部观点展开，也要简述问题的概貌，再就某一方面深入。我的课程——"让员工满意：非物质激励的心理学技巧"，是以员工心理需求为切入点讲管理和激励的策略。然而心理需求对于激励来说是片面的，我在培训一开始就会花点时间，来分析物质激励和心理激励分别有怎样的优点和局限性，然后着重讲心理激励。

（3）我的观点有哪些理论来支持和证明？这些理论正统吗（还是伪科学）？

在类似"招聘面试""人际沟通"等演说中，经常有人引用各种性格理论。人格心理学中的"大五人格""卡特尔 16 种人格特质""AB 型人格"等均有相关研究和数据，这些都是被心理学界认可的权威理论。而像"星座""九型人格""性格色彩"等则属于流行的理论，尚无系统的心理学基础、实验和研究来证明。

这些是心理学还是伪心理学？

在报纸上每天都可以找到关于星座运势的内容，虽然占星术的把戏已经被彻底揭穿。与占星术类似的还有笔相学、算命学，以及某种所谓具有神秘力量的潜意识消息。所有这些我们可以用一个名词来归纳，那就是伪心理学（pseudopsychology）。

——《普通心理学（第5版）》
作者：菲利浦·津巴多(美国斯坦福大学教授、前美国心理协会主席）等

（4）有没有实验、数据、案例或其他证据？

心理学和管理学的每个观点，背后都有各种实验和案例；若演说的主题没有那么严肃，比如你要讲"快乐大本营比央视春晚给力"的话题，那么你也要找到其他各种证据来证明，例如收视率等数据。在"规则11 证据"一章，我会详细介绍各种证明观点的证据类型和形式，以及收集这些证据的方法。

（5）我的证据能说明问题吗？

有人曾经想研究社会经济地位和健康的关系，他们来到墓园并记下墓碑上843人的寿命，以此作为健康的衡量标准；然后他们测量每个墓碑的高度，他们的观点是墓碑越高造价越高，造价则反映出富裕程度。数据显示，墓碑越高，寿命越长，于是他们公布自己的研究成果：社会地位越高的人越健康长寿。这个研究有详细的数据，看来既科学又有趣，却反映了一个不专业的思维错误——当两个因素被放在一起，我们容易武断地以为其中一个因素导致了另一个因素。一方面，社会地位高的人的确有更多的经济条件来提高健康水平，但有没有另外一种可能性，即健康的状态促进了事业的发展和社会地位的提高呢？所以它们之间具有"相关关系"，但未必具有"因果关系"。所以演说中引用的证据能否充分证明你的观点，要好好推敲一下。

专业的文本格式

细节最能反映专业程度。首先是文本格式。无论是投影的幻灯片还是纸质的讲义，你在打字时是否用了精确的语言？排版是否运用了规范的格式？制作完成后有校对过吗？关于文本格式请注意下列几点：

(1) 避免错别字，正确使用专业词汇。

左上角是一个关于"愤怒情绪"的幻灯片，内容很专业，然而排版很山寨。作者所犯的错误在于：

. 正文排版太过随便，没有设置规范的自动排版格式；

. 图片摆放太过随便，只是放在那里，而没有在意美感。

演说者随意的话，听众自然也就随意地听一下。

右上角是我把文字和图片稍作处理，保持"横平竖直"，页面就正式了。左下角是我自己用过的关于愤怒情绪的幻灯片，文字更简洁，运用流行的图片，并用红绿对比色体现强烈的情绪。

不管怎么排，至少要保持页面中有一个直角，即至少有两条垂直边上的元素是要对齐的。

（2）规范使用标点符号，例如中文内容一定要使用中文的全角标点。

（3）尽量使用软件的自动排版格式，例如每行缩进你是通过设定"首行缩进"来实现的，还是每次都按四下空格键来实现的？

（4）同一级别的文字字体、大小等保持一致。

（5）对齐。

专业的形象

形象一方面反映出你的个性风格，另一方面要符合具体的环境和场合。专业的形象会为你的演说增添不少分数，因为人一定会以貌取人。具体的影响我们会在"规则17 非语言的力量"中详细介绍。而你至少要注意如下几个方面：① 个人卫生；② 发型与妆容；③ 服装与饰品；④ 香水或香氛；⑤ 表情；⑥ 肢体语言等。

专业的设备

演说需要的相关设备之于演说者，就像好用的工具之于工匠，称手的武器之于将军。

① 如果你像大部分演说者一样要使用幻灯片，那么一台性能优异的电脑及相关软件是必备的。如果你使用苹果的 MacBook，别忘记配一个视频输出转换器（Apple Mini-DP to VGA Adapter）。演说中要用到视频或音乐，那么就要保证音频输出接口的正常运行。

② 在演说中要使用电脑播放幻灯片，最好再配备一支翻页笔[①]。目前已经有功能相当完善的翻页笔（如罗技出品的），在一场普通的演说中完全可以替代电脑键盘操作你的幻灯片播放。而我仍然喜欢使用简单的产品，因为复杂意味着更高的出错概率。

[①] "翻页笔"（Laser pointer with remote control）是专门为计算机及多媒体投影机设计的一款新型专利电子产品，通过无线远程遥控电脑，实现幻灯片前后翻页、红色激光点等功能，将演说人员从讲台后面解放出来。

我演讲时用的演示设备：

iPad：代替电脑进行演示，轻薄便于携带；

iPhone：代替传统翻页笔，直接遥控幻灯片前后翻页；

Apple Pencil：适用于 iPad 的触控笔，能结合苹果幻灯软件 Keynote 进行画线、写字等操作；

Lightning 至 VGA 转换器或 Lightning 数字影音转换器：连接投影数据线。

具体操作方法，我录了一档音频课，有兴趣的读者可以扫码了解。

音频学习

如何用iPhone遥控iPad秀幻灯片

扫码收听 ▶

③ 如果你不使用电脑，那么可能会用到手写或手绘的东西。一般情况下，主办方都会替你准备好白板或白纸、笔及笔擦，当然我也遇到过不那么仔细的。所以如果手绘是你的特色，建议你随身携带 1~2 支笔备用。

④ 其他的小东西会在意想不到的情况下发挥作用。早晨在路上买的报纸，上面的新闻和演说主题相关，就可以当众读出来（我在给世博志愿者培训时用过这个）；我参加国外老师的艺术治疗，看到她们随身携带着一盒橡皮泥，可以把学员的作品轻松地粘在白板上；把彩色便利贴（post-it）发给听众，既可以让他们随时传递想法而不影响演说的进程，又可以在讨论时把想法展示出来；我还会随身携带一副扑克牌，有时可以和听众玩几个与主题相关的魔术，有时可以用来抽签……生活就是个宝藏，好好地去观察和挖掘，也许能找到让你的演说更专业更与众不同的东西！

演说的第九条规则：
专业风范就是无声的说服

培训师的行李箱

假设你被企业邀请，明天就要出差到外地进行一场与你的专业相关的演说，学习了本章内容，你该如何准备自己的行李箱呢？

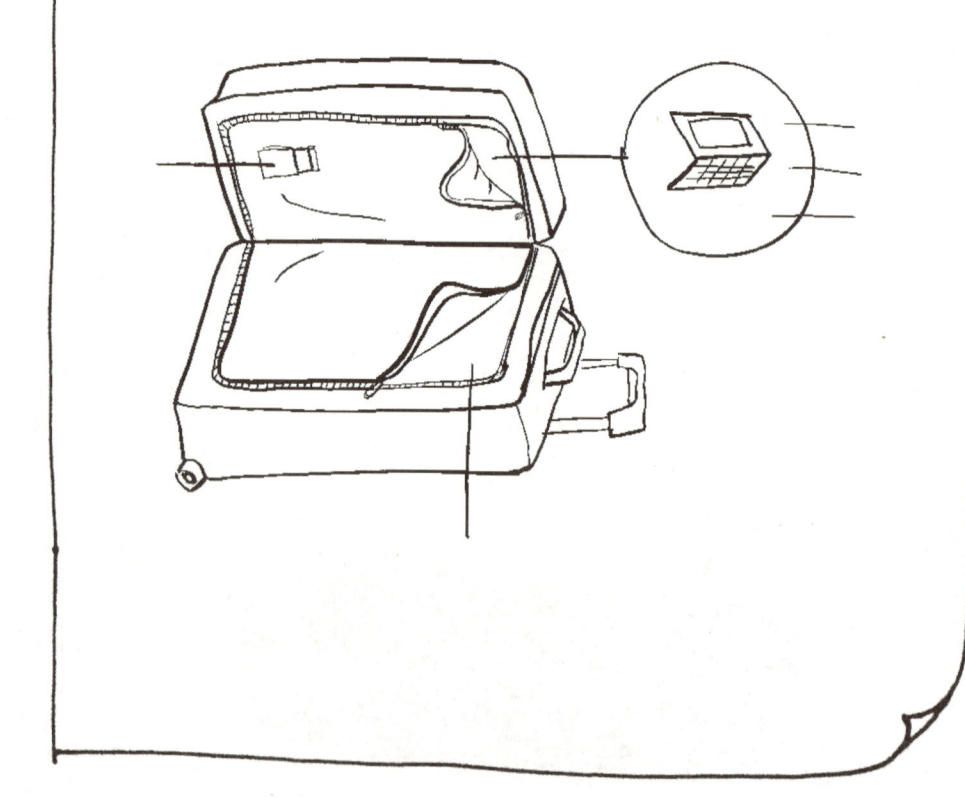

规则 10 一致

示范说服与自我运用

WHAT 痛点与问题

言行一致就是说服力

18世纪中叶，一支训练有素的军队迈着整齐雄壮的步伐，经过法国昂热市的一座大桥。突然，桥梁发生剧烈颤动并断裂坍塌，许多官兵和市民落水丧生。造成惨剧的是一种物理现象——共振！当士兵整齐的步伐产生的频率与大桥固有频率正好一致时，桥的振动会加剧，当振幅超过其抗压力时桥就断裂了。此后军队都有这么一条规定：部队过桥时，要改齐步走为便步走。

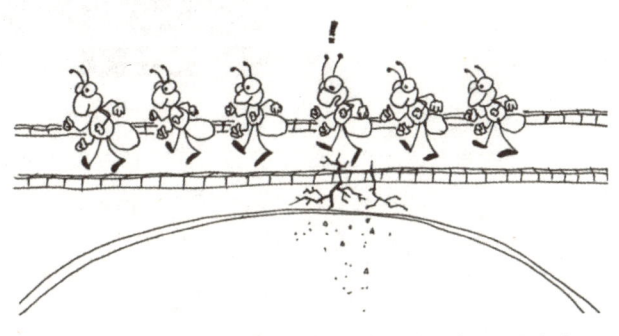

这一物理现象，反映了一致性所产生的巨大威力。这样的例子在生活中也比比皆是，"曾子烹彘"① 的寓言告诉我们父母言行一致对孩子的教育意义；买手机时发现工作人员自己用的是另一品牌的手机，那么我们对这个品牌就会有所怀疑；演说也是一样。

---

① 又被称为"曾子杀猪"，出自《韩非子》。春秋时期鲁国人曾参，是孔子的弟子。一天妻子哄儿子时随口答应杀猪给他吃，晚上妻子见曾子在那里磨刀就感到不安，曾子说既然答应了孩子就要信守承诺。

自我同一性

艾里克森（1963）的理论认为人的一生有八个发展阶段，其中一个很重要的阶段是获得自我同一性（自我认同感），也就是一种对于自己是什么样的人，将要去向哪里以及在社会中处于何处的稳固并且连贯的知觉。

对于自我同一性，是指个体在寻求自我的发展中，对自我的确认和对有关自我发展的一些重大问题，诸如职业、价值观等的思考和选择。在这一过程中会涉及个体的过去、现在和将来这一发展的时间维度，对个体和自身有充分的了解，能够将自我的过去、现在和将来组合成一个有机的整体，同一性的达成表明个体考虑了各种实际选项，做出了选择，并实践了选择。

所以通常在演说的过程中，我们为了让学员产生较强的信任感和认同感，在向学员展示自己是什么样的人，要表述什么观点时，会用相应的经历和行为来和自己希望呈现的内容做一个整合。我们会发现这样的一致性呈现会给学员带来不一样的力量感，让我们的内容更具有说服力，获得学员更多的认同。

演说中的言行一致：说自己正在做的

我最擅长、最自豪、学员评价效果最好的课程和咨询产品就是"演说心理学""学习体验设计：课程开发与呈现技巧"系列和"课程改造"微咨询①，因为这些主题的内容都是我每天在思考和做的事情。

所以我上课从来不用热血沸腾、声嘶力竭。我的说服力和影响力源于内在的一致性。我给培训师上课的模式是：示范+技术分析+知识迁移。

	示范 +	技术分析 +	知识迁移
培训师	我做给你看	我是怎么做到的	你要注意些什么
学员收获	体验、感受	原理、步骤、技巧	经验

在这种模式下，大家首先体会到了过程和效果，这是第一次说服；当我带领大家抽离出来进行对过程的回顾和技术分析时，大家看到我说的都是我用的，这是第二次说服；在了解了其中的技巧和窍门后，传授一些经验，这就是第三次说服。层层递进，直到征服！你也可以做到！

---

① "课程改造"的概念，源于电视节目中旧房改造的灵感，就像把老房子重新建造与装修，使它焕然一新，课程改造就是把传统的、枯燥缺乏吸引力的课程进行再设计，比如在课程逻辑、互动设计、可视化教具和学习环境等方面，把课程迭代为更有效、体验更佳的一次学习过程。

111

课程模块	示范	技术分析	知识迁移
暖身技巧	培训师带领大家做暖身活动	回顾与讨论： · 我刚才是如何进行暖身的 · 运用了哪些技巧 · 为什么要这样做	· 注意事项 · 遇到不同的情况如何选用合适的暖身方式
素材收集	培训师在授课过程中运用到的各种素材	回顾与讨论： · 之前我运用了哪些素材来说明观点 · 为什么要用这些素材 · 这些素材可以分成哪些类型	· 收集素材的渠道 · 收集素材要养成的习惯
游戏技巧	培训师带领大家做相关主题的游戏活动	回顾与讨论： · 我如何引入游戏 · 我如何介绍游戏规则 · 我如何控场 · 我如何引导大家分享	· 不同的课程如何选用合适的游戏 · 从哪些途径学习游戏
幻灯片技巧	培训师自己上课用的幻灯片或帮其他学员改的幻灯片	回顾与讨论： · 普通的幻灯片和优秀的幻灯片有哪些区别 · 如何实现优秀的幻灯片制作	· 制作幻灯片的原则和注意事项 · 现场操作与指导 · 如何找图片

以上是我的"学习体验设计：课程开发与呈现技巧"课程部分内容的设计思路和授课模式。

下面的几条是如何把自己作为案例的提示：

(1) 自己的感悟和观点

除了科学的、他人的理论和观点，你在自己的职业生涯和日常生活中，对哪些事情特别有感悟？别人遇到怎样的问题和困扰，总会来找你谈谈？在饭桌上，谈到哪些话题你特别兴奋，特别有想说话的冲动？

(2) 自己的经历

你有没有独特的人生经历？有没有遇到过特别的人和事情？不一定是轰轰烈烈的，细微处也可瞥见智慧和情感：一次特别的服务体验，一张图片引发的思考，他人一句无意的话给你的启示……

(3) 自己正在使用的技巧和方法

如果你的演说是传授技巧和方法，那么一定要是你做过并做得相当好的事情——否则那就是忽悠，讲授怀孕知识的男性医学教授除外。你可以问自己一些问题：当初自己刚接触它的时候有怎样的感受？对什么特别害怕？对什么特别感兴趣？我是如何掌握的？我是如何从平庸到卓越的？我做的时候头脑里在想什么？遇到那些常见的困难我如何处理？这些问题能帮你整理出一个实用而有吸引力的大纲。

运用自己案例的其他技巧

运用下面的一些技巧，可以让你把自己的案例呈现得更好。

(1) 讲故事

不要干巴巴地说出些条条框框，把你的案例变成故事更吸引人。之前的"规则5 故事"里已经有详细介绍了。

(2) 照片和视频

网上流传一句名言——无图无真相。此话也适用于演说，甚至作用更大。你说这是你的亲身经历，听众为什么要相信？如果拿出相关的照片，就有说服力了。

我在"让员工满意"的课程中，会讲解大量自己运用的技巧，并通过各种真实照片展现出来。

所以演说者要做个有心人，要随身携带照相机。可喜的是现在大部分手机都具有相机功能，如果像素在 500 万以上，那么运用到幻灯片中，哪怕是放大到全屏也足够清晰。

运用视频的原理也一样，且更生动、更有说服力。

(3) 微博或朋友圈

如果你有自己的微博或朋友圈，那么你又多了一个案例的来源，它们是今天广泛使用的、更简便和快速记录自己想法与见闻的工具。也许一条几天前自己发的微博或晒的朋友圈，就是你演说很重要的素材。我就曾经在一次演说中，谈到一个大家感兴趣的话题，突然想起朋友圈收藏的一篇文章，就和这话题密切相关，于是我边说边掏出手机，迅速查找到相关信息并读出来，这样更有现场感、真实性和说服力。

> 演说的第十条规则：
> **说你最擅长和正在使用的东西**

TRY 尝试与练习

设计一个小分享

你有什么得意的小爱好或者小特长吗？你擅长烘焙、插画或者调鸡尾酒吗？你是自拍达人吗？

根据本规则里学到的技巧，把你特别想分享的内容设计一下，产出一个"实用而有吸引力的"小贴士或经验分享，除了文字，不要忘了使用照片甚至视频哦！也许有一天在你的演说上会用得到……

演说心理学 Presentation Psychology

PRACTICE 实践

王 琳

AHa 幸福学院 2017 级门徒、学习体验与呈现艺术专业合伙顾问
中山大学中山医学院基础医学硕士，《育儿叁分钟》栏目特约插画师、"世界 500 强"资深临床项目经理
7 年医疗器械外企工作经验

如何利用启动会
赢得医护的尊重和配合

从中山医学院毕业后，我没有像大部分同学那样，进入医院或疾控中心等医疗卫生事业单位工作，而且选择了体制外——进入一家美资 500 强医药公司，成为一名 CRA（临床研究监察员）。CRA 的主要工作内容之一，就是与实施临床研究的人员（一般是医生和护士）保持沟通，使研究的执行符合法规、伦理要求和研究方案。

每个临床研究开始前，监察员都要召集研究中心（医院）里所有参与项目的研究者开一个项目启动会。启动会非常关键，它不仅标志着研究的正式启动、是研究过程不可或缺的必须有文件记录的一个环节，而且是监察员与众研究者之间最正式、最重要的一次沟通，常常对与研究者建立健康良好的关系、定下严肃规范的执行基调有着不可替代的作用。所以，启动会通常是由公司里经验丰富的资深 CRA 召集主持。

在我入行三年，成功经手超过 5 家研究中心的监察后，终于有一天，我的 Line Manager 对我说："这个新项目由你去启动。"等一下，这是真的吗？你觉得我 ready 了吗？研究者中不乏高年资的医生护士，日常工作又极为忙碌，他们能坐下来听我一小丫头片子讲PPT？

也有前辈对我说：你不用紧张，启动会就一过场，重要的是研究者在文件上签名，研究介绍的部分实在不行你就照着PPT念就行了。

不，这可不是我要的。

仔细评估了自身优劣和角色定位以后，我认清了以下两个事实：第一，疾病知识和临床上的处理方面研究者们是专家，我不大可能比他们更懂；第二，我更熟悉方案和法规要求，应该成为研究实施质量的把控者。

最终的启动会是非常成功的，总结下来我发现这次成功得益于3个"保持"：

(1) 保持学术专业

在准备这次启动会的过程中，我阅读了该研究所在领域的教科书、技术指南及相关病例文献，并向相同临床科室的同窗请教，尽可能多了解一点疾病知识和临床处理原则。同时，我将研究方案熟记于心，更把过往研究中所积累的研究者可能发生的疏漏进行了整理和总结。

(2) 保持呈现专业

正式演说前反复排练，确保流畅地表达；同时，仔细挑选了严谨又不失亲和的职业装。

(3) 保持谦卑态度

在项目启动会的正式演说上，我对临床知识谦逊的学习姿态，反而获得了研究者的认可，成为他们研究中可靠的合作者；同时因为前期的准备充分，所以现场专业严谨的流程讲述、丰富的错例示范、到位的法规解读，使我赢得了研究者的尊重，成为他们可信任的流程实施顾问。这一场精心准备的演说，建立起了作为申办方一员的我与各位研究者之间良好的合作关系，也明确了我作为项目监察员的权威和职责，为接下来项目的顺利实施和严格执行奠定了基础。

现在回想起来，在这个经历中，一方面是在特定领域保持"权威"的职业姿态，另一方面保持真诚的示弱和学习态度，这样实际情况与自我表现的一致性定位，真的帮我获得了演说的成功！

规则 11 证据

中心说服与持久改变

WHAT 痛点与问题

针对不同听众的两种说服途径

你是否常常遇到这样的问题：打动听众要运用理智还是情感？当听众"有备而来"，如何才能让他们更信服？

今天我们已迈入即时通讯时代，人们获取信息的丰富程度达到了前所未有的地步，进而给社会带来的一个现象——多元化。企业里目前比较关注和流行的问题是"代际冲突"，也就是俗称的"80/90后问题"。这意味着当代的人们在思维方式、态度和价值观等诸多方面，都存在着各种差异。

对于演说者来说，将面对不同特点的听众，他们因年龄、性别、行业、地域文化、受教育程度、价值观等方方面面的不同，而导致对演说内容及形式有着不同的喜好和接纳程度。所以同样一个主题的演说，面对男性和女性，或者面对员工和管理者，表达的角度和形式都会有所不同。所以打动听众究竟是运用理智还是情感？答案是看听众的类型。

有三个因素会影响你的说服策略：

① 听众的投入度；
② 受教育程度；
③ 人格。

规则 11 | 证据：中心说服与持久改变

中心途径 vs 外围途径

美国俄亥俄州立大学的心理学教授理查德·E. 佩蒂（Richard E. Petty），及约翰·T. 卡西奥普（John T. Cacioppo）于1979年提出：说服可能通过两种途径发生作用——中心途径或外围途径。当人们在某种动机的引导下，并且有能力全面、系统地对某个问题进行思考的时候，他们更多地使用中心途径（Central Route to Persuasion）；有时候人们无法仔细思考，或忙于其他事情而没有专注于信息，这时就会开始使用外围途径（Peripheral Route to Persuasion）。[16]

研究还发现，高学历、善于思辨的人更容易接受中心途径说服；低学历、不善于思辨的人更容易接受外围途径说服。而人格偏理性的人易受中心途径影响，感性的人则易受外围途径影响。

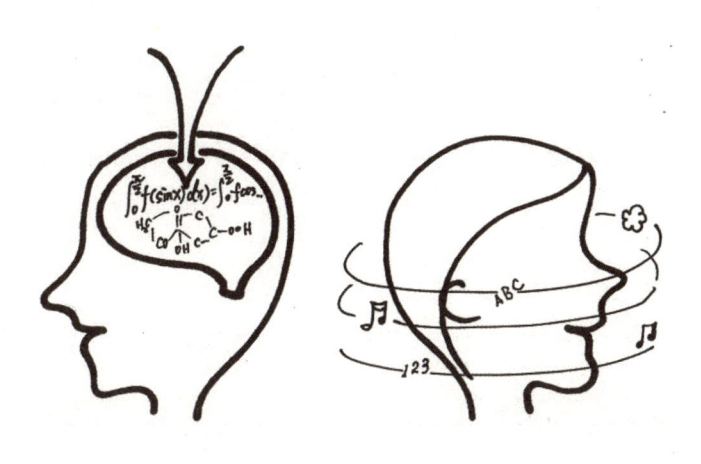

两种说服途径的区别

听众特点	听众关注	说服途径	说服策略
• 带着动机参与演说 • 受教育程度教高 • 理性 • 对演说内容进行思考和分析 • 对演说主题涉及的领域比较熟悉	演说观点及其证据	中心途径	• 有力的观点 • 可信的证据 • 缜密的逻辑
• 被动地参与演说 • 很少投入 • 受教育程度较低 • 感性 • 忙于其他事情 • 外行	省力的信息、感觉	外围途径	• 熟悉的事物 • 易懂的事物 • 清晰简单的信息 • 运用视觉化 • 感觉好

在本规则中，我们将详细介绍中心途径的说服策略，在下一规则中你将了解到外围途径的说服策略。

说服有备而来的听众需要证据

当听众冲着你的演说题目而来，希望了解新的知识，提升自己的技能，改善工作和生活的品质，或者演说内容涉及到听众及其所属组织的重大决策，那么我们就要运用中心途径来说服他们。

比如我们给企业做一次培训，向客户介绍你为他们设计的方案，要说服风险投资机构为你的项目投资等，都属于这种情况。

这样的演说场合往往比较正式，听众的参与和投入水平相当高，会对你抱有比较高的期望；同时他们会全神贯注，并思考和分析你说的观点与论据；在演说过程中，你很有可能会遇到听众的挑战，就某一细节要你做进一步的阐述，或者质疑你的某个观点。

这样的演说只有两种结果：听众要么认同你，要么反对你。

演说中的证据有哪些类型

根据演说的特点，我们可以使用下面的证据类型来支持自身观点：

（1）引用理论

"不要重新发明轮子。"——全球最大的战略咨询机构，麦肯锡公司

从古至今，无数智慧的人在不断地研究和解决各种问题。从某种角度来说，人类的历史就是不断发明和创造的过程。当我们为自己的观点寻找证明时，第一个想到的应该就是科学的理论。例如管理学和心理学，一百多年的发展时间不算长，但每年都有大量学者正用越来越先进的设备，从事相关的研究工作，并发表各种领域的研究成果。其中相当一部分可被反复证明而踏入科学的殿堂。

其他的学科也是一样。我们不必自己去重新研究或提出某些观点，去专业的学术资料库搜一下，也许早已有人做过研究了。

所以第一个证据就是专业理论。当我们引用它们时，标明理论提出者、出处、发表时间等将更有说服力，再放一张提出者的照片那就完美了。

（2）研究实验

理论提出过程中，学者们做的实验等，往往被尘封在实验室或枯燥的教科书中。其实，很多实验的设计、过程和结论都是很有趣的，或者很有启发意义（比如"规则8　权威"中的米尔格拉姆权威服从实验）。把这些作为观点的证据，一方面能活跃现场的气氛，另一方面能大幅提升你的说服力。

(3) 名人名言

也许我们自己不是名人，不够权威，那没有关系，我们可以借力，就像广告做的那样。你的观点也许很新，也许是反传统的，也许很有争议。如果你找到一个或几个权威名人的观点，和你的是一致的，或能证明你的观点，那么同样可以让你的演说更有说服力。

"管理者会遇到很多员工心理方面的问题。"

"心理学对企业是很重要的。"

(4) 公信力机构

与名人效应类似，那些具有公信力的机构所发布的信息，是我们可以用来支持演说的有力素材。公信力机构包括三种：政府权威机构、行业权威机构、主流媒体。例如，你的演说主题是"今天我们应当持续计划生育政策"或"今天我们应该改变计划生育政策"，你都可以去了解一下政府发布的人口统计及相关社会经济等数据。

① 行业内著名机构

"让员工满意的重要性，与利润的关系。"

② 媒体

"企业中突显了越来越多的心理问题，而且后果很严重。"

（5）运用数据和图表

数据是客观而理性的，表格能反映事物之间的关联，而图表更能在前两者的基础上，反映事物发展的趋势。数据图表能有效地说服听众挑剔的理性。乔布斯演说时用的幻灯片，很多页面上只有一串数字，可见其威力和说服力。

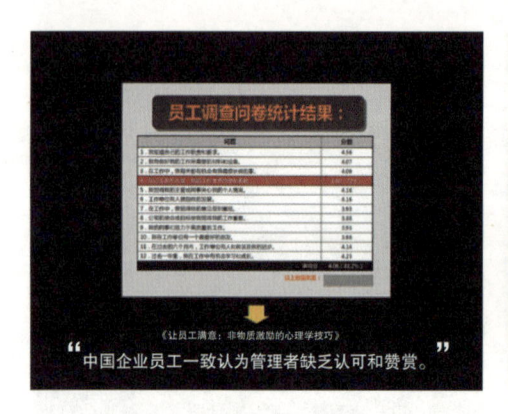

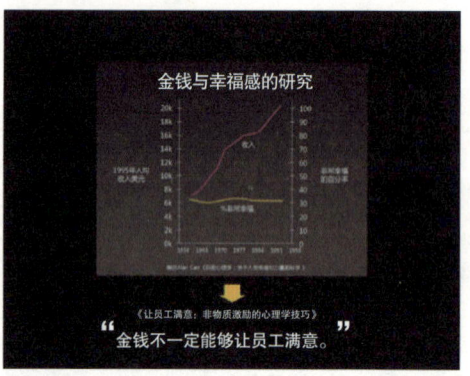

"中国企业员工一致认为管理者缺乏认可和赞赏。"

"金钱不一定能够让员工满意。"

（6）图片、视频

图片、视频作为视觉化的载体，除了能提高吸引力，也能有效地提高说服力。因为它们让那些理论、实验、数据等变得可见，因为人们总是更信任看得到的东西。

从某种角度来看，演说就是表达你的观点，然后证明给你的听众看。一般我会给每条观点找 3~5 条证据。实际运用还要根据具体情况，包括听众特点、演说时间等。运用中心途径的说服，能带来真正的认同和持久的效果。

> 演说的第十一条规则：
> **有力的证据让你的说服更持久**

规则 11 | 证据：中心说服与持久改变

TRY 尝试与练习

有效说服不再囧

假如你在漫长的飞行旅途中正读着现在的这本《演说心理学》，恰巧左右两边坐着电影《泰囧》中的两位主人公——新能源领域的商业成功人士徐朗，卖葱油饼为生、为患病母亲去泰国祈福的王宝。根据他们不同的性格特点，你会如何帮孙老师向他们推荐这本书呢？

王宝　　　　　　　　　　　　　　徐朗

选择策略：（　　）途径　　　　　选择策略：（　　）途径

_____　　_____

_____　　_____

_____　　_____

_____　　_____

_____　　_____

125

规则 12 简明

外围说服与快速决策

WHAT 痛点与问题

如何说服"打酱油"的听众

当听众对你的演说主题并不特别感兴趣，或者认为演说内容和自己并没有什么联系，抑或是对该领域的情况比较陌生，那么我们就要运用外围途径来说服他们。

比如，听众是放下了手中忙碌的工作，甚至是在休息时间，被领导要求来听你的培训，或者是我之前提到的那种穿插在企业活动中的演说，都属于这样的情况。

这种情况下听众是被动的，大部分都不准备真正参与进来；他们可能会分神，和邻座讲话或玩自己的手机；他们没有兴趣思考和分析你的观点；在整个过程中，如果你没有运用特别的技巧和方法，气氛可能会比较沉闷。

这样的演说结束后，听众也会有两种评价：**挺有趣的，或者挺无聊的。**

规则 12 | **简明**：外围说服与快速决策

信息过载

　　从互联网、电子邮件，到手机、微信……随着技术的发展，信息传播变得越来越方便和快捷，在经历了"网上冲浪"的兴奋和新鲜感之后，爆炸式增长的信息反而给人们带来了困扰，甚至是身心健康上的影响。就像一台老旧的计算机，人也会遭遇"信息过载"的情况，即我们应对的信息超过了自己所能承受、处理或有效利用的范围。

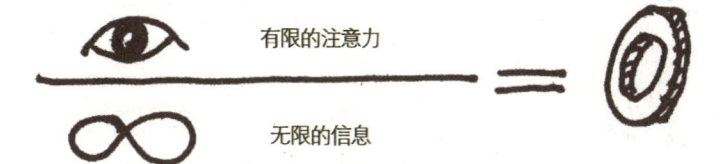

有限的注意力 / 无限的信息 = ⊙

　　一方面，今天世界上生产出来的知识呈几何级数增长，并且在不同的地方存在着大量重复的、低价值的信息；另一方面，人的时间和注意力却并未像内存一样得到多少扩展，因此想要获得受众关注，就需要付出极其昂贵的成本。

　　演说为何要简明，也就不难理解了。简洁而有力的内容，让听众关注你的门槛降到最低，他们便更愿意付出兴趣和耐心；反之，冗长而晦涩的内容，则是在主动地拒听众于千里之外。

127

简明：让你的听众听得更省力

对于被动的听众，要想获得他们的认同，就要让你的信息接收起来不太费神。

电视广告采取的就是最典型的外围途径说服，因为它们的受众有99%是被动观看的。像洗发水、肥皂、零食等日用消费品，往往插播在电视剧中，或者是观众在无聊地转台时瞥见的，他们根本没有兴趣欣赏，更不要说去分析它了，这时就要用简单易懂的语言表达产品的特色和功能，而视觉化和传递感觉就是最好的外围途径。

外围途径说服在广告中的应用

激发幻想
洗发水广告中性感的美女和柔顺的秀发，让女性观众产生一种感觉：我要像她那样

简单易懂
听众对肥皂配方没有兴趣，但用两个显微镜头，一个有好多细菌，另一个只有一两个，看一眼就知道用这种肥皂洗得更干净

制造感觉
吃一粒口香糖，多一个搭讪美女的机会，嗯，这个我喜欢

就这么简单，就这么直接，说服达成了

听众不费神的四个建议

（1）专业术语 vs. 口头语

听到那些陌生的专业术语，让听众一开始就摸不着头脑，他在猜测你说的究竟是什么，又错过了后面的内容，愈发感觉困扰。太费神就让人想要放弃，于是阵阵倦意袭来……对普通的听众讲专业的内容，要使用通俗易懂的语言。

对着一群没有接触过心理学的听众，在评价"一个小气鬼居然说别人很小气"的现象时，最好不要用"他在投射"这样的话，而说"他把自己的想法加在别人身上"更容易被接受。

（2）理论 vs. 例子

理论对于不投入的听众来说简直是一种折磨。理论太抽象，一下子看不到摸不着，需要用一定的逻辑和分析才能理解。少点理论，举些能说明问题的具体案例和故事，对于外行或不投入的听众更有吸引力和说服力。

（3）发生在身边的事情

发生在身边的事情让听众感觉熟悉而亲切，也更容易理解，具体的方法在"规则3 熟悉"中已详细介绍了。

（4）一次传递一个信息

一次不要说太多东西，听众会反应不过来。另外，信息量大了，每条信息的力度反而降低了。

中学物理有个"压强"的概念——同样的压力分布在更大的面积上，单位面积的压强就小；分布在更小的面积上，单位面积的压强就大。演说也是一样，一次只传递一条单一的信息，它的力度就是最大的，因为它吸引了听众全部的注意力。

所以我们的幻灯片要做得简洁，这里我们不得不再次提到乔布斯。

乔布斯的简约精神

也许是在印度修行过的缘故，乔布斯的设计充满简约而节制的禅味——不管是他的产品、演说、食物还是家居布置。

他演讲时播放的幻灯片简洁而不简单，有力而不夸张，是学习演说的经典案例。简约的好处是：

❶ 听众可以在几秒钟内、以最省力的方式捕获幻灯片要传递的信息。

❷ 所以就能一心一意听乔布斯说的话（如果文字太多，就陷听众于两难的境地，要么看要么听，大脑的相关研究证明，没有人可以同时处理复杂的视觉和听觉信息）。

❸ 因为内容少，每个字就可以放到足够大，要记住：幻灯片上的文字是给最后一排听众看的！

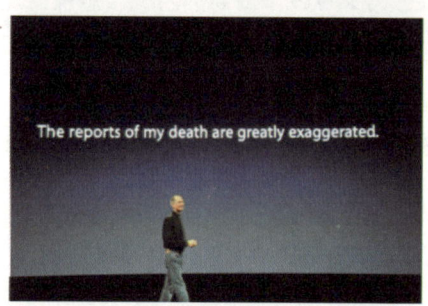

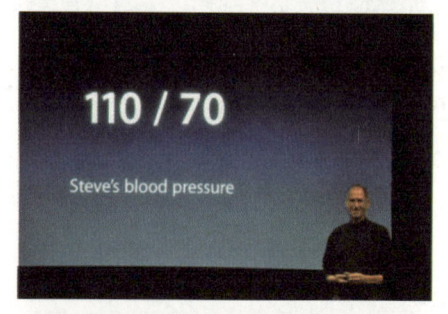

规则 12 | 简明：外围说服与快速决策

用感觉激发听众的热情和兴趣

人的大脑是相当讲求效率的处理器，它永远把资源用在最需要的地方。当理智和分析在处理其他更重要的事情时，大脑会启动备用装置——直觉——来处理一些相对不重要的事情。例如你搬了新家，第一次去是一边看路牌，一边问行人才能找到的；第二次去可能多注意一下路牌就可以了；从第三或第四次开始，你完全不需要思考，就可以到家。

如果听众对你的演说并不重视，那么他们同样会较少使用理性分析，这时候不妨试试悄悄地对他们的直觉工作——激发他们的情感。在下一规则中，我将详细介绍如何说服听众的情感。总结本规则和上一条规则要达到的效果：

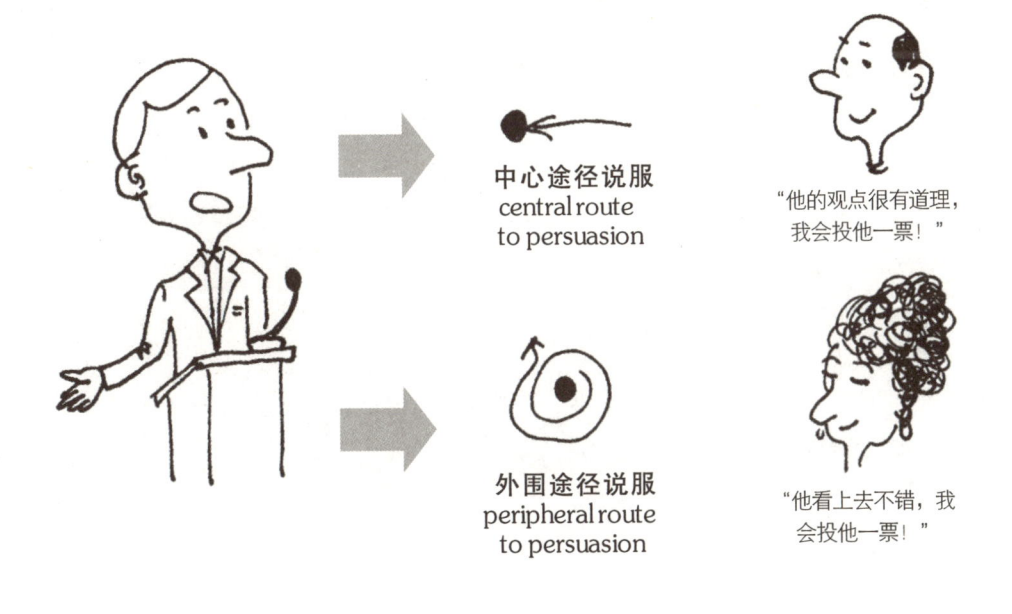

中心途径说服
central route to persuasion

"他的观点很有道理，我会投他一票！"

外围途径说服
peripheral route to persuasion

"他看上去不错，我会投他一票！"

演说的第十二条规则：
简明且有感觉能促进快速决策

幻灯片改造大作战

还记得你最近一次演说使用的幻灯片吗？把它找出来，做下面的小统计：

这次演说时长____分钟，幻灯片共____页，每页平均字数_____字。

学习了本规则后，来对这套幻灯片进行"乔布斯"式的大改造吧！记得要做到"简明且有感觉"，并且要让最后一排的观众也能清楚看到。

改造后的幻灯片共_____页，每页平均字数_____字。

现在，打开这套新的幻灯片，幻想苹果发布会的场景，或慷慨激昂或深情款款地试讲一遍吧！

实践 PRACTICE

张晓萌

AHa 幸福学院 2016 级门徒、学习体验与呈现艺术专业合伙顾问

近 10 年汽车行业咨询培训管理经验

如何在竞标中打动评委

我是培训咨询公司的一名项目经理,从事汽车行业。我的主要职责就是在甲方提出培训项目需求招投标的时候,编写定制化方案,组织并进行竞标。拿下项目后进一步对培训课程进行组织开发与投放。

汽车行业培训总体来说还是偏传统的,客户特别在意他们的品牌定位和针对的消费群体。为了能让客户快速了解我们的特色,以及与其他竞争对手的差异,我们一般在竞标过程中,最重要的两件事就是阐述方案和论证自身资质。这二者正是充分运用了中心途径和外围途径两种方式来提高影响力的实例。

(1)阐述方案(采用中心途径)

客户喜欢听理论和实际相结合的阐述方式。他们希望我们提供的方案都是基于科学的理论,且有过实践论证切实可行的。我们会把培训设计的思路,做成一定逻辑的模型传递出去,显得严谨且逻辑,凸显我们的专业性,也增加说服力。如下图所示:

1. 开发设想
注意能效的提升

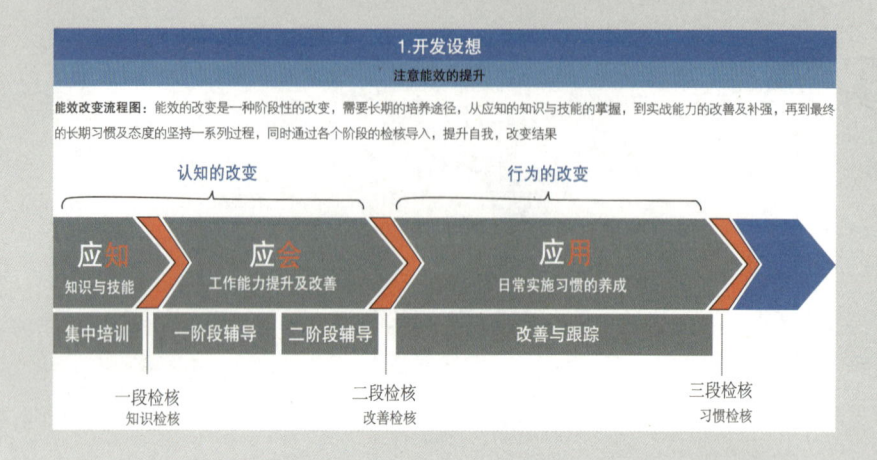

能效改变流程图：能效的改变是一种阶段性的改变，需要长期的培养途径，从应知的知识与技能的掌握，到实战能力的改善及补强，再到最终的长期习惯及态度的坚持一系列过程，同时通过各个阶段的检核导入，提升自我，改变结果

认知的改变 | 行为的改变

应知 知识与技能 → **应会** 工作能力提升及改善 → **应用** 日常实施习惯的养成

集中培训 | 一阶段辅导 | 二阶段辅导 | 改善与跟踪

一段检核 知识检核 | 二段检核 改善检核 | 三段检核 习惯检核

（2）论证自身资质（采用外围途径）

很多时候，我们与去竞标的品牌（客户）是第一次接触。因为缺乏合作的先例，彼此很陌生，所以我们需要想办法在最短的时间内，用最快的方法去建立好感。例如，论述团队自身资质的时候，我们其实不需要长篇大论地向甲方介绍过往服务案例，只需要简单地罗列客户的品牌 logo，很多信息都能够得到快速的传达。比如我们公司主要针对合资品牌和主流自主品牌有丰富的合作经验，客户的品牌层次，也体现了我们提供培训服务的层次。不同品牌客户对培训的风格要求是截然不同的，这也充分说明了我们能满足不同类型的客户需求。因此，这是展现实力的简洁快速和最简单的方式。如下图所示：

就这样，我们采用文字逻辑叙述（中心途径）和简易图片展示（外围途径）相结合的方式，在最短的时间内，让客户知道我们能做出满足其需求的培训服务。

规则 13 情感

感性说服与情绪本能

WHAT 痛点与问题

情绪：决定人类的存亡

假如你穿越到两百万年前，身处一片广袤的草原，你正试图弄清楚这里是哪儿的时候，树上的鸟突然"哗"的一声都飞走了，你有了一种不祥的预感。当树林中慢慢走出来的那只狮子映入眼帘时，你身体里面迅速升起一种奇怪的感觉，并立刻蔓延到全身，你的心跳变得更快、更有力，仿佛能够听到那"砰砰"的声音，似乎有股力量将双腿用力地扯动起来，你疯狂地奔跑以远离狮子的势力范围……

你能跑得掉吗？如果能逃离狮口活下来，救你命的是什么？你的眼睛？双腿？是的，它们很重要，但还有一样很重要的东西决定了你的命运。如果没有它，你看到狮子后心跳会保持正常，更没有要跑路的意思，继续坐在草原上，享受着微风和四周的一切，直到被狮子扑倒在地！

这样东西就是你的情绪！看到狮子后，你的恐惧情绪升起，交感神经发出信号，肾上腺释放压力激素，心跳加速血压升高，同时血管收缩把能量从胃等内脏转移到肌肉。这一连串高难度动作在瞬间完成，保证了你我的祖先逃离危险的境地。所以情绪对人类是至关重要的，它们决定了人类的存亡，不管是原始社会还是今天。

情感永远是演说中说服并影响听众的强大力量。

吊桥效应

在加拿大北温哥华有一座世界上最令人生畏的桥：卡皮拉诺吊桥（Capilano Suspension Bridge），全长136米，距桥底下的卡皮拉诺河（Capilano River）约70米，是世界最长、最高的步行天桥。由于风过大，吊桥摇晃的程度相当厉害，行走其间非常刺激。

心理学家达顿和艾伦让一名女子站在卡皮拉诺吊桥上，请过往的男性帮助她完成一份问卷，当对方完成后她会留下自己的姓名和电话。结果有50%的男性后来打过电话。而在低矮、坚固的桥上遇到该女性的男子中，则很少有人打电话，人数只是前一种情况的25%。[1]

50% 的男性后来打过电话　　　　很少有人打电话

---

[1] 这个实验在19世纪70年代进行，唐纳德·达顿（Donald Dutton）是加拿大英属哥伦比亚大学的心理学教授，阿瑟·艾伦（Arthur Aron）是美国纽约州立大学石溪分校的心理学家。

究竟是什么引发了罗曼蒂克的行为？心理学研究表明：任何一种生理唤醒状态最终都可以归结为某种情绪，究竟归结为哪种情绪取决于我们如何对这种唤醒状态进行归因。想象一下，你现在正心跳剧烈、双手出汗：你是在经历恐惧？焦虑？还是喜悦？兴奋？都有可能。

在卡皮拉诺吊桥上的男子，分辨不清肾上腺素的激增，是由与异性的接触导致的，还是由恐惧造成的，然而情绪的的确确促进了浪漫的行为反应。

在消费活动中，情绪对购买决策的影响是普遍的，俗称的"冲动消费"（女性对此现象应该深有体会，只要打开自己家巨大的衣橱就能感觉到）。卡耐基—梅隆大学的行为经济学家乔治·洛文斯顿（George Loewenstein）说："大脑中绝大部分区域的工作是自发进行的，而不是有意识的思考。大脑中的活动大都是由感性引导的，而不具有认知力。"德国的品牌和零售专家格鲁普·尼姆芬堡（Gruppe Nymphenberg）进行的一项研究发现：超过50%的购买决定是自发进行的，尤其在商品促销时。[17]

很多经典的演说，也正是通过激发听众的情绪来影响其行为：马丁·路德·金用流畅的语言、美好的梦想，唤起听众的巨大情绪，使他们投入非暴力的人权运动；英国首相丘吉尔在危难时刻用最鼓舞人心的演说，激励军人们奋勇战斗；而希特勒抑扬顿挫、情绪激动的演说，则从反面说明，强大的说服力甚至具有毁灭性的力量。

哪些情感对听众更有说服力

人类的情感有不同的类型和强度，有些几乎让人难以觉察，而有些并不能促进人们的改变。

在我的演说生涯中，发现了6种情绪和感觉，对于听众会有较强的说服力和影响力，它们是：快乐、安全、恐惧、痛苦、希望、急迫。其中有些是正性的情感，有些则是负性的。

对听众更有说服力的情感

快乐（happy）：人们都渴望快乐喜悦的情感体验，喜欢一名演说者就会更愿意信任对方，而伴随快乐而来的信息也更有说服力。

安全（safe）：安全感在马斯洛的需求层次理论中是离生存需要最近的一个。虽然时代在进步，但人们在心理上却越来越缺乏安全感。

恐惧（fear）：这是人类最深、最不愿意体验到的情感，它与生存的危机相关。有时候，人们对于事物的恐惧，能激发人们在认知和行动上作出巨大改变。

痛苦（painful）：恐惧是瞬间的、强烈的；而痛苦是一种模糊、弥散、强度不大但持续时间漫长的负性情感体验。人们总是在避离这样的煎熬，并不断寻找应对的解药。

希望（hopeful）：人类能够生存，是因为希望。在关键时刻，它总能够激励人们面对痛苦、渡过难关、让人保持坚强、乐观和毅力。

紧迫（Urgent）：资源短缺或有限会引发人们的占有欲，及与人比较而产生的不公平感，并会提升该资源在人们心目中的价值。

规则13 | **情感**：感性说服与情绪本能

HOW
应对策略与技巧

如何在演说中运用情感提升说服力

我们感知到了情感对演说的巨大影响，那么如何创造和运用情感更有效？有没有其他的技巧？心理学的研究给了我们正面的回答。

（1）天然的人格

如果你见过微软的 CEO 史蒂夫·巴尔默（Steve Ballmer）的演说就知道，有些演说风格是绝对学不来的。他那种野兽般的、近乎吼叫的演说，很快就能调动现场听众的情绪。这源于巴尔默独特的人格特点，如果你要他用理智来演说，结果一定很烂。所以如果你天生是个外向的、情绪化的、爱表现的、情感丰富的人，那么你根本不需要技巧，因为你不开口则已，一开口就会充满激情，你的情绪是不用教的。如果你和我一样，完全不是这种风格也没关系，下面还有其他的策略和方式。

（图片摘自：http://www.youku.com/）

(2) 自然的情感

真情流露也是很好的引发听众情绪的方式。这不是技巧，自然的、不用技巧的东西都是好东西。当你因为心中充满某种情绪的动力，而想要发表一个演说，那么效果往往会不错。这样的演说不用"演"。

(3) 幽默和好消息

运用幽默的方式，或者给听众带来一个好消息，能够引发他们的好心情。当信息伴随好心情一起传递的时候，会更有说服力。心理学的研究发现，如果在阅读信息的时候让人们享用食物从而引发好心情，那么他们会更容易被说服。而用令人愉快的吉他伴奏的歌曲比无伴奏的歌曲对大学生来说更有说服力。[18] 因为好心情能促进人们的积极思维，并更快、更冲动地做出决定，更多地依赖外围线索。

(4) 人脸图片

人类在残酷的大自然竞争中得以生存，除了工具的使用，另一个特点是团队合作。在进化的过程中，大脑形成了独特的区域——梭状面孔区（Fusiform Facial Area）——对人类脸部有特殊的敏感反应。它的功能是建议大脑将面孔当作特殊物体来处理。[19]

1996年，意大利帕尔马大学的神经生理学家贾科莫·里佐拉蒂（Giacomo Rizzolatti）在对恒河猴的研究中，发现了人们（和一些高级灵长类）能够"感同身受"的秘密，这就是大脑中的一部分神经元，他们命名为镜像神经元（Mirror Neuron）。

威克等发现，当志愿者看到录像中的人物做出恶心、难受的表情时，他们的大脑皮层反应与自己闻到难闻的气味时是一样的。

所以，演说者可以利用人脸来创造听众的情绪，方法有两种：自己的表情和幻灯片上的照片。

演说者声情并茂，是在用自己的表情向听众传递文字中包含的情感，并激发听众的相应情感。另外可以在幻灯片中插入大幅的人脸表情，以引发希望听众产生的情绪反应。

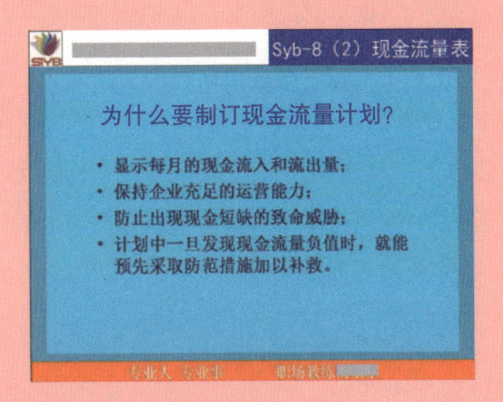

规则13 | **情感**：感性说服与情绪本能

左边是一位做创业项目的培训师的PPT，内容是关于"创业前要做好现金流量计划"。他运用的就是传统的PPT模式——标题加正文。除了页眉页脚传递过多信息，以及底板多种颜色带来的干扰外，纯文字型的页面很容易让听众失去兴趣。

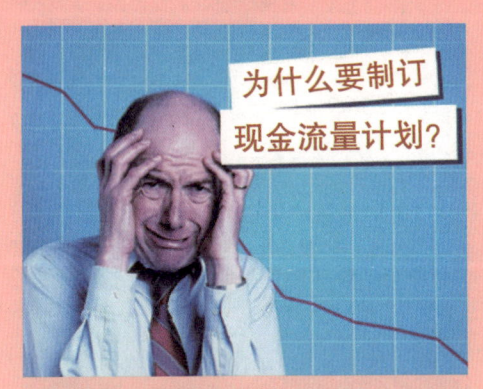

这是调整后，我把一页拆成两页：第一页上的问题是原来的标题，并配合上一张业绩下滑导致痛苦表情的图片，于是在翻到这页时，培训师就可以多举些不制订现金流量计划导致项目出问题的案例，来引发听众的重视（逃离痛苦）；而第二页则用业绩上升带来喜悦表情的图片，来强化培训给听众带来的好处。

(5) 恐惧的力量

消极情绪同样会产生说服力。当我们希望听众减少某些负面行为，或增加积极行为的时候，可以运用恐惧的情绪力量。现在的香烟包装上都写有"吸烟有害健康"的说明，很多高速公路的休息区会放置严重车祸后的残骸等，都是希望唤起人们的恐惧。然而恐惧并不一定会改善行为，吸烟的人很少是因为看到包装上的警示而戒烟的，违章驾驶的人依然很多。只有在让人们意识到恐惧的同时，给人们一个解决的方法，才能让改变更有可能发生。

所以演说的时候，不能只告诉人们是什么，还要告诉他们怎么做。

演说的第十三条规则：
运用情感的力量

规则13 | **情感**：感性说服与情绪本能

为丰富你的演说情感收集素材

或许你已经发现了，本书中许多的练习都是引导和帮助你不断积累演说的素材和细节。除了上文提到的快乐、安全、恐惧、痛苦、希望、紧迫这些情感以外，你还能写出多少描述情感的词汇？请写在下面：

_____

_____

_____

这还不算完，请为每个情感词汇搜索 3 张以上高质量的图片保存起来——相信跟随这本书，你的演说素材库将越来越丰富。

规则 14 真诚

不欲说服是最强大的说服力

WHAT 痛点与问题

打破完美的神话： 真诚地去演说

当我们站上演说的舞台，都希望给听众留下好的甚至是完美的印象。于是我们不断问自己

——听众是不是看出了我的紧张？

——如何不让观众发现？

——自我介绍怎么包装会显得更厉害？

我们越在乎自己，离观众就越远。接下来，我们看一段演说的开场白：

"小时候，我们家生活在海外，我在印度尼西亚住了几年。我妈妈没有钱送我上其他美国孩子上的学校，但她认为必须让我接受美式教育，因此，她决定从周一到周五自己给我补课。不过她还要上班，所以只能在清晨四点半给我上课，你们可以想象，我不太情愿那么早起床，有很多次，我趴在餐桌上就睡着了。每当我埋怨的时候，我妈妈总会用同一副表情看着我说，小鬼，你以为教你我就很轻松吗？"

演说者显然并没有显赫的童年经历，甚至还让听众觉得那时的他是个不太懂事的小孩子。说这段话的是美国第四十四任总统奥巴马，这段话摘自 2009 年 9 月 8

日他在弗吉尼亚州阿灵顿郡对全国学生作的开学演讲。

作为一个拥有国家最高权力的人,他并没有夸耀自己非凡的经历,也没有塑造一个完美无缺的形象;他没有讲童年拾金不昧的高尚情操,也没有描述舍己救人的伟大壮举。

完美的人是不存在的,只有神才是完美的。而神离人太远,除了尊敬和崇拜,还有一丝自卑和畏惧。相反,奥巴马展现的是一个演说者最重要的品质——真诚。真诚的演说者会有些许小缺点,会让人觉得他有些普通,甚至有些坏。这些都是一个"人"会有的特点,和神比起来,听众更愿意接近这样一个和自己比较像的人。

诚意

　　人类基因进化研究发现：相对于单打独斗，合作更容易让种族得以延续。亲属间有着血缘的联系，帮助他们就是帮助自己。而与陌生人的合作则存在风险，如果双方都充满诚意，则都会从合作中获益，而如果其中一方存在欺骗行为，那么欺骗者将获得利益最大化，而另一方则会蒙受损失。欺骗对合作行为是一种威胁，在这个过程中，人类进化出觉察欺骗者的适应器，然而，防止被人觉察出欺骗行为的适应器也随之进化。

　　根据进化心理学家 William Michael Brown 的观点，针对欺骗者的伪装，人类已经进化出另一种适应器来解决，即人类能够觉察出一个人的"诚意"(Genuineness)。比如你要在两个人中选择一位成为你的合作伙伴，这两个人分别给了乞讨者1块钱，但是第一个人确实对乞丐的处境深表同情，是这种发自内心的同情心激发了他的帮助行为；而第二个人对乞讨者根本漠不关心，其行为可能只是为了取悦他的约会对象。那么你会选择谁作为合作对象呢？

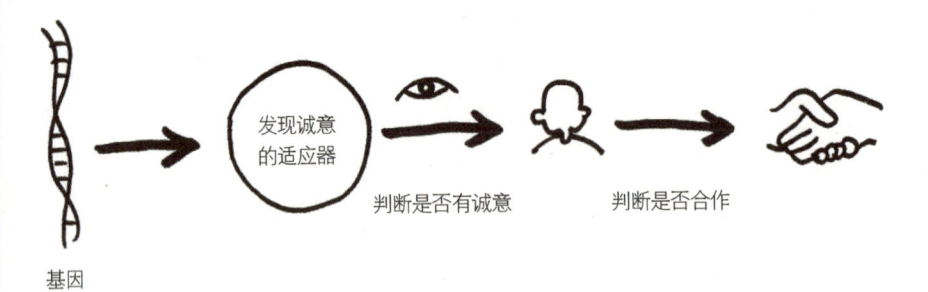

基因 → 发现诚意的适应器 → 判断是否有诚意 → 判断是否合作

　　Brown 通过实验发现，人们已发展出微妙的适应器，来觉察对方的诚意，而被试者在觉察对方诚意的正确率上，和觉察欺骗者的成功率相差无几。因此，"真诚"不只是无私的贡献和崇高的理想，而是人类赖以合作和生存的需要。

真诚是最强大的说服力

努力运用技巧去说服，听众是会觉察到的，越努力听众越容易觉察到。当听众感受到你的说服，他们就会抗拒，因为没有人喜欢被说服。心理学的相关研究也证实了"真诚能提升说服力"的结论。

（1）不要努力说服

当听众认为信息传达者并不是在努力说服自己，这时传达者的可信赖度会更高。从归因的角度来解释，当演说者并没有声嘶力竭努力说服的话，听众更倾向于将其观点归因于客观事实，并认为他更有说服力（Wachtler & Counselman，1981）。

（2）站在自身利益对立面

真诚的演说者会客观地表达，甚至会站在自身利益的对立面说话。心理学家给密歇根大学的学生播放一段批评某公司污染河流的演说，当告诉他们演说者是一个有商业背景的政治候选人又是这家公司的支持者时，学生们认为演说没有偏见且具有说服力；同样的内容，告诉学生们出自于一个支持环境保护的政治家之口，且是对一些环境论者演说，学生们则认为他的观点出自个人偏见而不具有说服力（Eagly，Wood & Chaiken，1978）。

（3）适当的自我暴露

演说者自愿地、有意地暴露自己的真实情况，会增加听众对他的信任和喜好。自我暴露也要把握好分寸，例如与演说主题相关的经历、个人的某些兴趣爱好、一些无伤大雅的尴尬都是合适的；而过于隐私和过于悲惨的内容反而会给听众过大的压力。自我暴露的原则之一，是使用第一人称来叙述自己的经历、感觉、态度等；另一原则是使用明确具体的语言，不要把意思和情感置于模棱两可、含糊空洞的描述中。

2009年TVB①巡礼剧集之一《天与地》中，男主角刘俊雄（林保怡饰）参选立法会，却被记者爆出妻子有外遇而影响支持率，他并没有试图掩饰，而是利用电台采访之机主动说出事情的缘由，并称错在自己，结果支持率大幅反弹。他运用的就是自我暴露，只是这种方式需要一些勇气去承担风险。

（4）不要掩盖小缺点

心理学的研究得出结论：比起完美无缺的对象，人们更喜欢有些小缺点的人。实验同时发现：

- 无论犯错与否，人们更喜欢能力高的人；
- 能力高的人犯点小错误，会更招人喜欢；
- 能力低的人再犯错误，则吸引力会大大降低。

看来错误也不可以随便犯，首先要确保你已经在听众心里建立了权威和正面的形象。性别和自尊也会让听众对演说者的缺点产生不同的反应：男性更喜欢犯了错误的才能出众的男性，女性更喜欢能力出众而没有犯错误的男性和女性（看来男性果然更加的理智和客观，女性则更容易理想化权威）；而自尊心过强或太弱的人，都更喜爱完美无缺的人。

---

① TVB是香港电视广播有限公司（Television Broadcasts Limited）的英文缩写，于1967年11月19日正式开业，是香港首间商业无线电视台，故亦被称为"无线电视"或"无线"，是全球最大的中文电视节目制作商，旗下拥有众多艺人、歌手和专业制作人员。

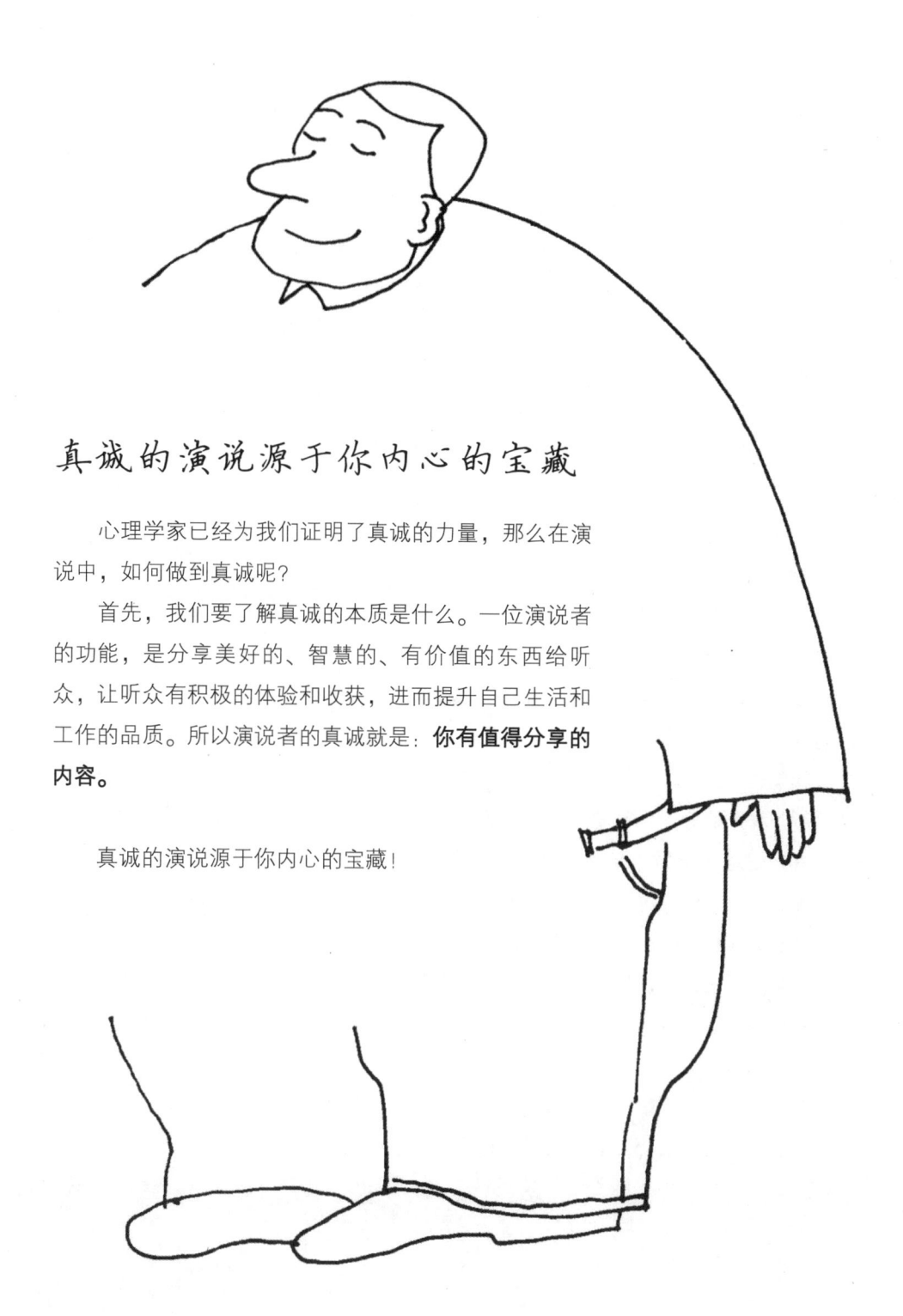

规则14 | **真诚：**不欲说服是最强大的说服力

真诚的演说源于你内心的宝藏

心理学家已经为我们证明了真诚的力量，那么在演说中，如何做到真诚呢？

首先，我们要了解真诚的本质是什么。一位演说者的功能，是分享美好的、智慧的、有价值的东西给听众，让听众有积极的体验和收获，进而提升自己生活和工作的品质。所以演说者的真诚就是：**你有值得分享的内容。**

真诚的演说源于你内心的宝藏！

149

如果演说者过于注重外在的包装和技巧，只有一个原因——内在的缺乏。我曾经看过一个演说者，在一天的演说中，他花了四十五分钟的时间在介绍自己，这显然是不合适的，对听众也不公平。但他行为背后的潜意识里，是希望向听众证明自己的价值和能力。

只有当你曾经努力、踏实地在一个领域学习和耕耘过；只有当你在工作时擅于思考和总结；只有当你发现自己身上积累起来的经验、能力、思维方式和态度经得起现实检验，能不断地解决问题和困难，那么你才能总结出值得分享的内容，你才能自信地踏上演说之旅。

真诚的演说者可以坦然地开放自己，不用担心什么，并展现出自己作为一个人的平凡面。真诚的演说者可以表达自己的焦虑、担心或困扰。他不会把过多的时间和精力花在

——怕准备不充分，现场会忘记说什么；

——怕听众不接受自己；

——怕听众提出自己不知道如何回答的问题；

——担心突发事件。

真诚的演说者不会去隐藏自己的情绪和弱点，因为他知道听众可以在瞬间辨别你的意图。瓦解负面能量的最佳策略是释放它，要解除担心、紧张的情绪，最好的方法就是表达出来。

所以真诚的演说，不需要你依赖于技巧，因为技巧是用来弥补内容的不足的；也不需要刻意地"做"什么，你自然而然展现出来的，就是最具有价值的东西，因为你的每一句话、每一个动作、每一页幻灯片，都饱含了你所学的知识和技巧、所经历的成功和失败、所领悟的规律和智慧。

精彩的演说，不仅仅是舞台上那几个小时优秀的表现，演说者的成功来自于他过去的积累。

就像我在本篇开始时说的：

说服不完全是技巧，而是关于你将成为一个什么样的人。

规则 14 | **真诚：**不欲说服是最强大的说服力

> 演说的第十四条规则：
> **真诚就是内在有值得分享的内容**

现在你再翻到目录去看每个标题，也许会和第一次看有不同的理解：权威、专业、一致、证据、简明、情感……它们不仅是技巧，而是告诉你

—— 一个有说服力的演说者是个什么样的人！

唯有真诚才能成就大师，大师是不需要技巧的。然而对于正在成长道路上的我们，技巧并不是坏事。接下来我们即将学习到有效影响听众的策略。

复盘尴尬时刻

在你过往的演说经历中，是否有令你记忆犹新的尴尬时刻？也许是忘词了，也许是被听众挑战了……请试着回忆这个时刻，将其复盘，在学习本章后，你会如何应对呢？把经过组织的话语写下来，下一次也许就能战胜尴尬！当然，如有更多的心得体会，也请记录下来，也许将来能转化为对听众"真诚的分享"。

影响力篇
Influential

规则 15 开场

管理好你的第一印象

WHAT 痛点与问题

留给听众的印象，决定听众对待你的方式

我曾经与一位培训师合作授课，他负责开场的部分，在第一分钟内，我就知道这次培训要出问题。他的开场白是："大家对今天的培训感兴趣吗？"

这是一个危险的问题。在一个群体中什么样的人都有，几乎每个培训团体中，都有那么一两个（保守估计）调皮捣蛋的家伙，会故意和你作对，或者挑战你。他们并非一定是故意的，有些是性格调皮、有些是想吸引注意、有些可能潜意识中就有对立情绪。

果然，我的搭档刚问完，就有人在后面用很轻的声音回答："不感兴趣……"虽然声音不响，但在安静的会场中还是清晰可辨，接着其他人跟着哄堂大笑。这是个令人尴尬的时刻。

类似的危险开场白还有：大家午餐吃得饱吗？"——你一定会得到几个"没吃饱"的回答，我保证。

糟糕的问题，不仅陷你于尴尬的境地，而且对整场演说都有致命的打击。

首因效应

首因效应：由美国心理学家洛钦斯首先提出。指交往双方形成的第一次印象对今后交往关系的影响，也即是"先入为主"带来的效果。

1946年，著名的社会心理学家阿希（Solomon Eliot Asch）用一组形容词向试验对象介绍一个虚构的人物，并统计他们对这个人的印象。他给第一组试验对象的是"聪慧、勤奋、冲动、爱批评人、固执、妒忌"，而给第二组试验对象的是"妒忌、固执、爱批评人、冲动、勤奋、聪慧"，显然，阿希给两组的都是六个一模一样的词语，但排列顺序正好相反，第一组从积极的到消极的，第二组反之。

第一组：
聪慧、勤奋、冲动、爱批评人、固执、妒忌

第二组：
妒忌、固执、爱批评人、冲动、勤奋、聪慧

研究结果显示，第一组被试者对被评价者的印象远远优于第二组，最初印象有着极高的影响力，甚至抑制了后面的信息。

顺序的威力如此巨大是因为人们会以第一印象为框架，来看待和解释其他人。首先，最初印象让人们选择性地去看待一个人，即选择注意到那些符合自己印象的信息，而对不符合的置之不理；其次，人们都倾向于认为自己是正确的，哪怕发现我们对一个人的最初印象和后来的信息不符合，我们也会进行"合理化"，以"例外"或在最初印象基础上的解释进行归因。例如，第二组总体上会认为词语描述的对象是个不讨人喜欢的家伙，哪怕他勤奋和聪明，也都会用在坏事情上。

所以，在最初的几分钟，听众已经在心里给你做好了总结：你要么优秀，要么糟糕。

第一印象对演讲为何如此重要

（1）第一印象决定听众行为

一旦听众对你留下某个印象，那么他就会遵循心中对待这种人的方式来对待你。在成长过程中，人们先后受到父母、老师、朋友、领导、同事以及电视和书籍等影响，逐步形成了自己的人际关系图式①——对待什么样的人，用什么样的方式。如果你被归入他"好人"一栏，恭喜你，整场演说他都会认真倾听、做好笔记、频频点头，最终成为你的粉丝；如果你不幸被他归入"坏人"一栏，那么你怎么说都是错的。

（2）听众最初的行为，又会反过来再次影响对你的印象

人们一旦开始以某种特定方式行动，那么他们会倾向于保持这种行为方式。[20]因为人们要证明自己最初对你的判断是正确的，自己之前的行为也是正确的。所以你千万不要指责听众的行为是错的，你们的争论只会让他更坚定自己的立场。事实上，这样的行为模式在精神分析中叫"投射性认同"，他根据自己的第一印象采取对待你的方式，并通过这种方式诱发你成为符合他印象的人。比如一个听众认为你讲得不好，于是他对你百般挑剔，提出怪问题，破坏现场气氛，直到你忍不住，对他发了火。好，到此为止，他成功了，他成功地向其他听众证明——你们看哪，这演说者是不是很烂啊！

---

① 图式（schema）：围绕某一个概念所组织起来的知识的表征和贮存方式。"图式"这一概念最初是由康德提出的，他把图式看作是"潜藏在人类心灵深处的"一种技术和先验的范畴。例如，我们看见黄色伴有黑色条纹的皮毛，就会联想到老虎、凶猛、森林、武松、动物世界等一系列信息。

演说心理学 Presentation Psychology

橄榄核定律

(孙彦,2005 年 12 月)

在演说开始时,立刻就支持或反对你的听众永远都是少数。绝大部分听众正在观察你,他们通过你的内容、表达、外貌、幻灯片等来判断你是"优秀的演说者"或是"糟糕的演说者";并根据判断作出行为上的选择:支持你或反对你。而且一旦听众作出了判断和选择,再要改变是很困难的。

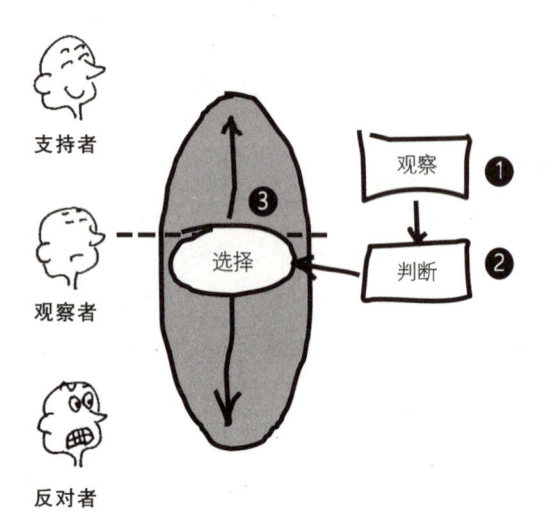

支持者

观察者

反对者

❶ 观察
❷ 判断
❸ 选择

因此,第一印象和开场技巧非常重要,开场技巧的目的是为了争取大部分听众,作出支持我们的选择,一开始支持了我们,接下来更容易持续支持。很多糟糕的开场则是"逼迫"听众作出反对的选择,那么接下来他们就会保持一致,而持续反对我们。

第一印象

演说开始前，印象就已经形成

听众对你的印象并不是在幕布拉开，你正式登场时才形成。演说开始前，你的印象就在悄悄地建立，所以请注意下面的细节：

(1) 提早到达会场

"迟到"是我个人认为一名演说者最不应该犯的错误。

首先，等待总是让人焦虑的，而听众会把这种焦虑的负面情绪都宣泄在你身上(事实上也是由你而起的)，从而降低对你的好感。迟到让听众觉得你不够重视这次演说，怀疑你的职业精神，你接下来的说服力也会大打折扣。我每次都计划提早一小时到达会场，并计算我出门的时间，还要充分考虑堵车等因素，所以有时候我会提早一个半小时到。如果演说是在外地，我一定会提前一天到达该城市。

其次，迟到总让人心怀愧疚，而当着全场听众的面手忙脚乱地调设备，形象难免狼狈。这些都会增加紧张情绪，不利于演说的正常发挥。

另外，提早到达能让你有充分的时间连接和调试你的设备，遇到电脑和投影仪不匹配的现象，能够有时间更换电脑或投影设备，或做其他打算。一切妥当后，你可以播放一下幻灯片，试下话筒和音频设备是否正常运行等。

一切准备就绪，我会打开手机，查看一下今天的新闻和微博，看有没有与当天演说主题相关的资讯和图片，如果有的话，我会立刻把这些内容放到我幻灯片里。想象一下，如果听众看到你播放的内容，是当天早上刚刚发生的新闻，他们对你会有怎样的评价呢？

也许现在距离开场还有二三十分钟，你可以一个人安静地坐会儿，或做一小段放松冥想，这些都能让你为接下来的表现做好充分的准备。

再过十分钟演说就要开始了，听众也开始陆续入场，你可以站起来，用目光和微笑迎接听众，他们会感受到一位自信而准备充分的演说者，并对你充满期待。

(2) 寒暄

因为希望坐个好位子、对这次演说特别期待和重视、担心迟到或当天交通特别顺利等原因，有些听众会提早到达会场，这是一个机会，是争取你的第一批支持者的机会。

当这些早到的听众坐下来，把包和笔记本放好，然后进入等待状态时，你就可以走到他们中间，自然地问声好，寒暄一下（过来方便吗？今天比昨天冷好多啊等），然后问些与演说相关的问题，比如：

- 你对本次演说主题所涉及的领域是否熟悉？
- （如果熟悉）那么你对这个话题的观点是什么？
- 你对本次演说有什么期待？……

这样的交流有3个好处：

首先，了解听众对本次主题的态度和期待，如果需要，可以调整演说的内容、侧重点和角度；

其次，如果听众谈到的某个具体案例和主题相关，可以在演说中引用这样的例子，更能拉近与听众的距离；

最后，那些有机会与你交流的听众，会觉得自己和其他听众不一样，和你的关系更近了，他们更可能"站在你这一边"。

(3) 日常的形象管理

有些听众可能在演说之前，就对你有所了解，比如：

- 你的微信朋友圈或微博；
- 听那些参加过你演说的人的介绍；
- 在其他的场合遇见过你等。

所以，我们要注意自己在这些方面所留下的印象。

微信或微博的粉丝中，也许隐藏着我们未来的听众，记得要定期更新你的内容，少发些无聊的笑话（除非你是研究笑话和幽默的），多发些专业的知识；少发些个人的牢骚，多发些客观的行业资讯。

如果出席某些专业会议或行业聚会，一定要保持良好的形象，若有发言机会，谦虚谨慎一定不会错。因为你不知道参会者当中谁会是你未来的听众。

模仿你的听众

演说开始了，你传递的权威信息和提供的专业呈现，是决定演说成败的关键。若能恰当地运用一些策略，则能加强你的效果——比如模仿你的听众。

心理学的一些实验发现，当人们对话达到非常投机的时刻，会开始模仿对方的行为。心理学家的解释是人们都喜欢和自己相似的人，当我们喜欢一个人就会无意识地模仿对方。这样的行为模式在动物界也有类似的现象。

LIKE 这是个有趣的英文单词，它对应两个含义：
1. 像；
2. 喜欢。

（1）回应

与听众交流时，演说者可以一边听一边点头，并重复对方说的重点。

在一次演说训练课程上，我称赞一位学员主动与听众互动交流，于是接下来的一位学员也开始这么做。但他学习了"形"，却没有学到"神"：他每问完一位听众问题，对方还没来得及坐下，他就开始问另一位听众了。这对前一位听众是非常不尊重的，看来他只是为了问而问。而互动交流的意义在于让听众觉得自己在参与，自己被重视。

所以当听众回答我们问题的时候，注意力一定要高度集中，在他说完以后，我们若能总结一下他的发言，或者用自己的话来提炼对方的意思，能让听众觉得我们在认真地倾听。

（2）重复

若我们并不赞同对方的回答怎么办呢？我经常遇到这样的状况。这时，切忌否定对方。作为负性的条件反射，"否定"会让他甚至其他听众都不再愿意与你交流。

可是我们又不能认同他的错误观点，以免误导大家。我通常就会采用重复的技巧，就是把对方的话一模一样地说一遍，例如："嗯，你的意思是……"或"哦，你刚才说的是……"我只是作为镜子，向大家反射了这位听众的观点，但并没有表达认同或否定。等到我们收集了不同的观点，再上台分享自己的见解。大家的注意力此刻会被我们吸引，也许都忘记了刚才谁说了什么，这也是对提出错误观点的听众的保护。

（3）模仿

对同一个意思，人们会用不同的语言来表达。例如"演说技巧"就有很多版本——演讲技巧、演讲艺术、讲话技巧、发言技巧、presentation skill……

每个演说者都有自己的表达习惯，无论在口头上还是幻灯片上，都会有些特定的用语。当我们和听众互动交流时，发现他们的用语和我们不一样，你不必去纠正那些非原则性的、与我们含义类似却表达不同的字眼，那没有任何意义。而使用和重复听众的语言和表达方式，则在潜意识中向对方传递"你是对的""我认同你"的信息，能拉近彼此的信任和关系。

演说的第十五条规则：
建立良好的第一印象

规则15 | 开场：管理好你的第一印象

TRY 尝试与练习

工作面试的第一印象

假设你明天要去心仪的企业面试，除了专业知识的储备和企业背景的了解以外，你会如何迅速让面试官对你产生青睐并欣赏有加呢？请你尝试联系实际经验，列出3个以上如何让面试官对你"一见倾心"的方法。

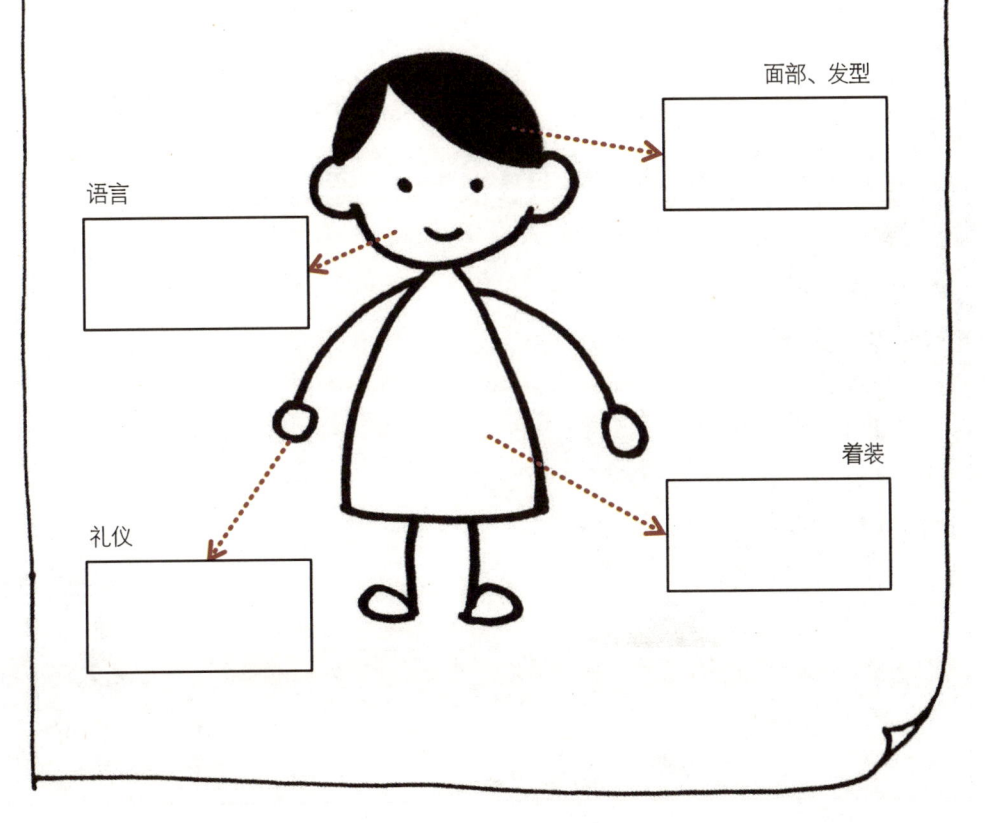

面部、发型

语言

着装

礼仪

163

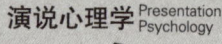

郑　颖

AHa 幸福学院 2016 级门徒、激励领导力与心理资本专业合伙顾问
复旦大学 BI-国际 MBA，AACTP 国际注册培训师，国家二级心理咨询师
10 年以上"世界 500 强企业"团队管理与人力资源工作经验，4 年管理培训与咨询经验

伸钩子引你来
开场真的那么重要

初为培训师，对开场总有顾虑，不敢美言自己，但又怕说得太简单让学员感到敷衍。于是中规中矩地介绍自己，介绍课程，打安全牌总没错。理由是，培训内容好，学员自然就记住我了，前面的介绍就那么回事儿。而事实呢？

桥段1：也许有一天你的学员因为你的课程很精彩而告诉周围的伙伴。别人问他，这个老师叫啥？啥特点？呃呃呃，忘记名字了，就是那个长得还不错的女老师啦，好像在500强公司干过。你是不是恨不得插翅飞进他的脑子里告诉他你的精彩人生并刻上你的大名呢？

桥段2：当你平铺直叙地介绍课程的重要性和概要的时候，你发现学员们已经掏出手机刷刷刷了。再想让他们抬头看你，需要一个更好笑的笑话？一个更高的嗓门？还是一个惊堂木？

好吧，其他桥段自己脑补。

规则15 | 开场：管理好你的第一印象

开场，真的那么重要。心理学上的首因效应就明白地告诉了大家，好的开场为一个好的培训加分良多，就像钓鱼放下的钩子，如果鱼饵诱人，鱼自然会上钩。如果你的开场很精彩，学员的注意力也会被吸引过来，哪里还有手机什么事呢。

我给出几招开场术，抛砖引玉哈！

1. 自己介绍自己难免有点为难，说太多怕学员觉得自夸，说太简单又怕他们不识你的庐山真面目，委屈了自己。那么请别人带盐（代言），让主持人开场来介绍你，自然美言不尴尬。

2. 不管是自己还是代言人，介绍培训师的时候都要注意：一般在 PPT 上都有一页专门的自我介绍，还附有一张自己的精致照片。自我介绍总会列出长长的一串儿证，经历再丰富，和这次课程主题无关的也不讲；证书再多，只挑和主题有关的说。数学上叫正相关的信息才是有用的信息，否则瞎叨叨的就是噪声啦！

3. 如果名字上可以做点文章也不错，让学员记住大名很重要啊！可以用和名字有关的故事或者绰号、昵称，也可以让名字和主题有关，包括我们的照片，除了靓照，也可以用其他方式突出自己的特征，比如：光头老师，让学员觉得有趣而且容易记住。

4. 套近乎——寻找和学员亲近的信息，比如相同的老家、相同的学校或者专业、相近的年龄、相近甚至相同的工作经历等，拉近彼此距离。

5. 希望一开始就和学员互动，调动气氛的培训师，可以设计一些关于自己经历的题目，让学员猜猜，如果在给出答案的基础上，可以和学员或者课程有进一步的连接，效果更好，尤其对于年轻人为主的培训比较适用。

6. 高明一点的培训师会巧妙利用最近热门事件、电影、电视剧来引出话题，或者用最近经历的一件事儿过渡到今天的课程主题。当然，这些都是需要提前设计到位的哈。这样的开场更吸引学员，而且自然巧妙。

7. 喜欢即兴的培训师可以敏锐地捕捉到演说当天发生的事情，比如：学员到场的情况，培训场地的特色，当天的特殊天气，比如：暴雨、下雪、高温等，然后迅速过渡到我们的课程上，来一个精练且惊艳的开场。这个招视情况而定。

大家会发现这几招是按照难度系数由易到难排的，各位根据自己的出道情况选择适合的段数去操练，练得多了，就会造出你特有的开场段子！

规则 16 语言

怎么说比说什么重要

怎么说比说什么重要

"我没有看到他用过你的电脑。"

——如果我问你这句话是什么意思？你会觉得如此简单的语言，很好理解呀。接下来，请试着根据不同的重音符号，再来朗读这句话：

我没有看到他用过你的电脑。

我没有看到他用过你的电脑。

我没有看到他用过你的电脑。

我没有看到他用过你的电脑。

我没有看到他用过你的电脑。

我没有看到他用过你的电脑。

我没有看到他用过你的电脑。

是不是发现每句话的意思都不同了?

第一句的意思是"也许别人看到过,但我没有。"

第二句的意思是"我没有看到。"

第三句的意思是"我没有亲眼看到,但可能是听说的。"

其他依次类推。

刚才的过程中,这句话没有改变一个字一个标点符号,但意思却完全不同,只是因为表达的语气和重音发生了变化,所以信息传递的结果,不仅与信息内容有关,还和信息呈现的形式有关。

向催眠治疗师学习说话

米尔顿·艾瑞克森是当代最伟大的催眠治疗师,有一次他接诊了一个自称"耶稣"的精神病人。治疗师先问了几次"你真的是耶稣吗?"他都十分肯定地回答。治疗师也没说什么,只是吩咐工人拿了几块木板,当着病人的面叮叮当当敲了起来。过了很久,病人忍不住问治疗师在干什么,治疗师回答:"哦,我们在钉一个十字架。"病人从此再也不称自己为"耶稣"了。

催眠

源自于希腊神话中睡神 Hypnos 的名字,是由各种不同技术引发的一种意识的替代状态。此时的人对他人的暗示具有极高的反应性,处于一种高度受暗示性的状态。

(摘自"维基百科")

生活中的催眠与暗示现象

当我们专注于某项事务时,就处在类催眠状态,例如你投入地做一份演说幻灯片,或在看一部引人入胜的电影,别人叫你也听不到;对某个想法深信不疑,也会影响你的行为甚至生理状态,例如在超市里买了你不需要的东西,中国足球的恐某症,小孩上床前母亲叮嘱"疯了一天晚上别尿床",结果小孩就真尿床了。

催眠治疗师是最擅于运用语言来改变人的职业之一,他们在治疗中运用的语言模式,对于演说有很重要的借鉴作用。

规则16 | 语言：怎么说比说什么重要

HOW 应对策略与技巧

接下来，我们一起看看有哪些催眠技巧，可以运用到演说中。

(1) 让对方说"是"

在前一规则的"橄榄核定律"中，我们知道在演说最初的几分钟，赢得听众的支持至关重要。如何获得支持，其中一个很重要的技巧是：在一开始多让听众说"是、好的、同意"。

能得到肯定回答的问题例如：

——大家平时工作压力都很大，那么我们今天就多说些快乐的话题，好吗？

——我们都希望工作轻松些，但钱多拿些，是吗？

——大家都利用下班时间来参加这次培训，我们就抓紧时间，尽量早点结束好吗？

人是有戒心的，别人提出问题或要求，我们往往先要判断；同时人也是有惰性的，人是习惯的动物，所以在演说开始问一些简单、不用思考并且能正面回答的问题，就容易让听众放下戒心和防御，并认同我们。

(2) 暗示

赢得听众支持的另一个策略是暗示。之前我们讲过：人的态度与行为是交互影响的。态度改变会引发行为改变，过去"思想政治工作"背后的理论基础就是这个；同样，行为改变也会引发态度改变，例如新产品的试用，目的就是通过改变你的行为（使用新的产品）来改变你的态度（这产品不错），进而作出购买的决策。

在演说开始时，我们可以借由改变听众行为的策略，来暗示和引导听众对我们的支持。具体的方法，就是设计一系列指令，从最合理简单的行为开始一步步引导听众达到你要的目标，比如：

——接下来，我们要和身边的朋友一起度过这两个小时的时间，请伸出手，和两边的朋友握手问候一下。

——让我了解下今天的听众，男生请举手，谢谢；再请女生举手，谢谢。

听众在行动的同时，也在潜意识里对你的指令更加服从和认同。

(3) 跟随与引导

催眠治疗师最常用的语言是让人放松,这样的语言有什么样的特点呢?

声音低沉、语气平缓、语速较慢、语言单调重复……是的,这些我们统统不要学。因为这样你的听众真的会被你"催眠"。

我们要学的是另一种技巧,叫作"跟随与引导"。我们先来看一段放松催眠的指令示范:

——好,首先请你闭上眼睛,很好,你闭着眼睛把注意力放到自己的呼吸上,很好,随着呼吸你的身体越来越放松……

这样的语言有何特点?你会发现它的魔力在于,每一句话都由两部分组成:事实+指令。这里的"事实"是指对方现在所处的状态,"指令"是指希望对方下一步进入的状态。

跟随与引导技术

治疗师语言	来访者状态
好,首先请你闭上眼睛……	(闭上眼睛)
很好,你闭着眼睛,把注意力放到自己的呼吸上……	(关注自己的呼吸上)
很好,随着呼吸你的身体越来越放松……	(身体放松)

之前指令引发的状态   指令

因为当我们前半句描述的是事实,对方潜意识里就会认同,因此会同时认同后半句的指令,依此类推,对方的认同就会逐步加深。

在演说中，我们也可以运用这样的语言模式，来引导听众做出你希望的行为。

例如，在演说一开始可以用这样的开场白：

——各位，我们的演说马上要开始了，请大家就座（停顿，等待大家坐好），很好，我们坐在自己的位置上（听众目前的状态，事实），先一起来思考一个问题（指令）……

如果会场所处环境不时会发出嘈杂的声音，大家注意力开始不集中，千万别命令听众"好了，别管外面听我说"，这样只会引起对抗。我们可以半开玩笑地轻松说：

——刚才外面不知道又发生了什么，大家的注意力都被吸引过去了（听众目前的状态，事实），现在我看到有些听众终于把头转过来看我了（1/3事实，1/3玩笑，1/3指令），等下可能还会不断有噪声（可能的事实），那么大家的抵抗力会越来越强（指令），然后一听到噪声你们就会更加集中注意力听我讲话（一半玩笑，一半指令）。

(4) 假设

当我们提出一个问题，有时候听众会保持沉默，这让我们很尴尬。

保持沉默的原因，可能是源于听众的自我保护，因为回答问题会暴露自己的想法和情感，从而会担心别人将如何看待自己。所以这需要一些小小的勇气和冒险精神。

如果这个问题只是一个假设呢？请听众对一种假设作个判断，戒心就会小很多，别人怎么想都没关系，因为那不是真的，只是一个假设，这样听众反而容易和盘托出自己的想法。

所以当我们需要向听众提问，并期望获得真实的想法，那么请在问题前加个"假如"，成功率会高很多。

(5) 给人们一个理由

如果演说中有一些互动，比如游戏、角色扮演等，那么你就可能面临一个风险：听众不愿配合怎么办？在"规则6 互动"的后半部分我介绍过一些应对策略，这里是另外一个：给听众一个参与的理由。

人，尤其是成人，多少带着些逆反心理，有些人是天生不喜欢在他人面前展现自己，而传统的教育模式，更让我们习惯了坐在那里听。互动需要听众动起来，有时候甚至要站起来并做些与日常生活工作不太一样的事情。

很多情况下，听众心里也许是愿意的，只是在等待别人推一把，等待一个说服自己参与的理由。这时，给大家一个合理的理由，则能减低人们的防御。比如用"为了……，我们要做一个游戏……"开始你的互动，是不错的选择。

（6）不要说"但是"

人们喜欢说"但是"，尤其是用来反对对方、说服对方或强调自己。这只会招致反感和抗拒。当我们试图纠正听众的观点，或者表达与之不同的观点时，我们切忌说"但是"。我们可以使用另外两个词——"同时"或者"所以"。

（7）打预防针

打预防针的意思是：**对于听众不愿意接受的事实，演说者要提前告知。**

日本一家制衣厂生意一直不错，不是因为他们的质量百分百完美，相反，他们在每件衣服口袋里都放一张纸条，上面写了这衣服可能存在的质量问题。在企业的客户服务、销售承诺中，这个原则一定要牢记：提前告知，永远不要等到让顾客自己发现问题。演说也是一样。例如：因为种种原因要延长演说的时间，我们一定要提前告诉听众："我的内容比较多，我可能要多占用大家5~10分钟时间，可以吗？"

假如我们未和听众商量而擅自拉长时间，会让听众产生：

——被欺骗的感觉；

——不公平的感觉；

——不尊重的感觉；

——抱怨等。

如果提前告知，则会大大降低听众的不满情绪。关键有三点：

- 你之前讲得还不错，听众比较认可你；
- 从你自己的嘴巴里说出来；
- 提前说。

> 演说的第十六条规则：
> **怎么说比说什么重要**

规则 16 | **语言**：怎么说比说什么重要

从《卖拐》里学沟通

在赵本山和范伟主演的小品《卖拐》中，你看到赵本山运用了哪些策略和技巧，把拐卖给了范伟？结合本章的概念，思考并列出 3 个以上赵本山使用的语言影响力技巧。

_____

_____

_____

_____

温馨提示：我们学到的所有知识和技巧，都应当运用于对自己和他人有益的方面。

音频学习

开场就催眠你的听众

扫码收听 ▶

规则 17 非语言

你的身体会说话

WHAT 痛点与问题

一个骗子的成功秘诀

2002年，一部根据真实故事改编的电影《猫鼠游戏》（Catch Me If You Can）①，讲述了在20世纪60年代，一个叫弗兰克（莱昂纳多·迪卡普里奥饰）的年轻人，不到16岁时离家出走，利用巧舌如簧的口才和精湛的伪造技术，靠骗取钱财谋生。他的劣迹包括伪造支票从银行诈骗了250多万美金；成为泛美航空公司的飞行员，周游了50多个州、20多个国家，行程达200万英里；还身兼教授、医生，甚至宣称是路易斯安那州首席检察官的助手。他因此被FBI列为有史以来年纪最小的头号通缉犯，探员卡尔（汤姆·汉克斯饰）遂与弗兰克展开了一场猫捉老鼠的游戏。

电影主人公的原型是小弗兰克·阿巴内尔（Frank Abagnale Jr.），具有讽刺意味的是，在被捕入狱服刑5年之后，阿巴内尔摇身一变成了FBI的讲师（我是他的同行）——以自己的亲身经验现身说法，向探员们和大公司传授反诈骗技术。1980年，阿巴内尔撰写的自传体小说《有种来抓我：最非凡骗子的真实传奇故事》一举成为最畅销的书籍。

---

① 由美国梦工厂电影发行公司等制作发行，导演：史蒂文·斯皮尔伯格，主演：莱昂纳多·迪卡普里奥、汤姆·汉克斯等，其他译名有：逍遥法外、我知道你是谁、有种来抓我等。

除了有趣的情节和紧张的追捕，这部电影还有一个细节对我有很大的启发——外貌。一个没有受过良好教育、年纪轻轻又劣迹斑斑的少年，是如何骗过那些华尔街的精英及各行业专家的呢？我发现除了敏捷的思维、能言善辩的口才和做坏事不脸红的勇气之外，人的服饰与外貌起到了很重要的作用。

当弗兰克穿上笔挺的西装、把头发梳理得一丝不苟出现在银行家面前，他仿佛已然是一名成功的商业大亨；换上湛蓝的制服、戴上机长帽，他似乎又变成了健壮、冷静而富有经验的飞行员；而当他穿上白大褂时，立刻让人觉得他的确像个医学院毕业的专家。这些都印证了中国的一句谚语——人靠衣装马靠鞍。

非语言信息对人的影响

演说者在大部分时候，都把注意力都放在了遣词造句上，前一阵子很流行的美剧《别对我撒谎》（Lie to me）中主人公的原型，心理学家埃克曼说：在成长过程中，人们知道，大多数人习惯于仔细倾听别人的话。言辞往往受到最多的关注，因为它显然是日常提供信息最丰富、最不易产生误解的交流方式[21]。然而，常识并不能告诉我们潜意识里的想法，他人的非语言信息往往在无形之中，对我们产生了影响。

美国曾经担任过六百多件法庭审判顾问的乔艾琳·狄米曲斯（Jo-Ellan Dimitrius）告诉我们，大部分人一定都会先注意到别人的外表和肢体语言，并且习惯性地凭自己的感觉和经验来判断对方的性格[22]。所以如果我们表情错了，很容易引发听众的误会，并建立糟糕的第一印象。

查尔斯·达尔文于 1872 年出版的《人类和动物的情感表达》一书，引发了全球范围内的关于面部表情与肢体语言的现代研究。人类学家雷·博威斯特（Ray Birdwhistell）是非语言交际最早的倡导者，他指出普通人每天说话的总时间为 10~11 分钟（作为一名职业演说者我感到有些惊讶——作者注），平均每说一句话所需的时间则大约只有 2.5 秒；而我们能够辨认的面部表情却多达 25 万种。英国的人际关系和身体语言专家皮斯夫妇对 20 世纪七八十年代的上千次销售和谈判过程开展的研究结果表明，商务会谈中谈判桌上 60%~80% 的决定都是在肢体语言的影响下作出的。研究还显示，当谈判通过电话来进行的时候，那些善辩的人往往会成为最终的赢家，而以面对面形式开展的谈判，情况就大为不同了。[23]

虽然不见面，沟通依然要传递非语言信息

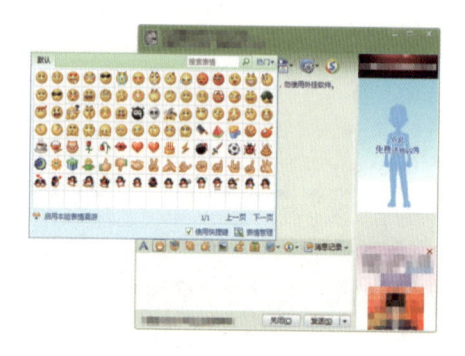

腾讯QQ自带基本表情中表情和肢体语言共有 **53** 个

微信自带的基本表情中表情和肢体语言共有 **99** 个

规则17 | 非语言：你的身体会说话

非语言信息

被演说界和培训界广为流传的心理学理论是

真理还是谬误

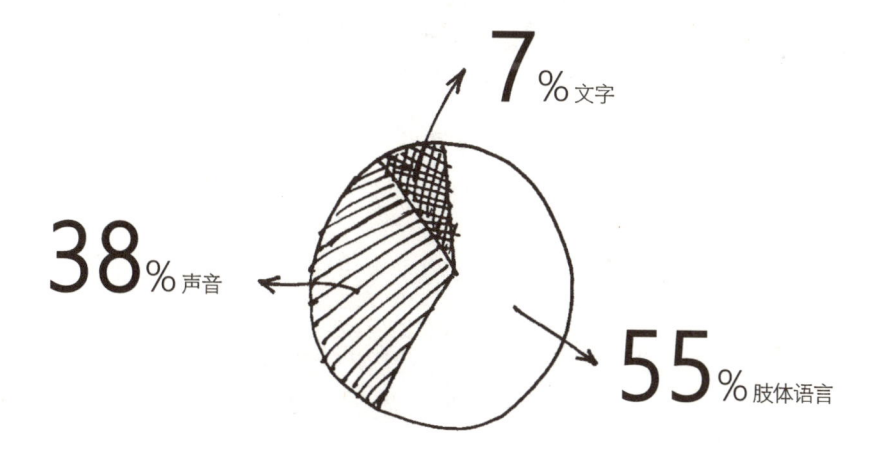

7%文字

38%声音

55%肢体语言

　　有一则被广泛传播的心理学研究，认为信息的效果55%受到肢体语言的影响，38%受到声音的影响，只有7%受到文字的影响。其实这一结论来自20世纪六七十年代，加州大学洛杉矶分校心理学名誉教授 Albert Mehrabian 对关于情感方面沟通的研究，如果人们正在讨论自己关于喜好或厌恶的时候，这个结论才成立。[24]

　　所以，在演说中不能过于忽视语言文字信息的效果。而另一位人类学家 RayBirdwhistell 倒是提出，面对面的交流中，语言信息的效果在35%以内，剩下的65%都和非语言信息相关。

HOW 应对策略与技巧

演说看似是语言表达的工作，非语言信息却在暗中对听众的感受产生巨大的影响。对演说效果的影响因素包括下列几个方面。

1. 目光
2. 表情
3. 声音
4. 肢体语言
5. 外貌与服饰等

声音

有力的语言，需要洪亮的声音、斩钉截铁的语气和恰到好处的语速来配合，才能发挥最佳的效果；相反，一个感人的故事，也可以被平淡乏味的声音毁掉。

(1) 语音

语音由我们每个人独特的发声器官和成长环境、经历所形成。

有些人的声音天生比较好听，有些人则差些。动听的音色是广播电视节目挑选主持人的重要指标。提到主持人的声音，我们立刻就会想到曾经主持《动物世界》的赵忠祥，他娓娓动听的声音，让观众的感官获得了艺术的享受。

然而先天的因素并不是决定性因素，例如著名的评书演员单田芳，他的声音并不出众，记得小时候第一次听到他的节目，我心想怎么嗓子哑成这样还能上电台啊。后来我成了"单迷"，因为他声情并茂的演绎，让听众仿佛融入了故事中。

普通人讲话都用嗓子，而歌手和演说者则要运用身体，来让自己的声音更加有磁性。好听的声音需要训练来获得，我自己的方法，是不断去模仿那些我喜爱的演说者的声音，并把自己想象成一台巨大的音响，让声音在体内不同的腔体（腹腔、胸腔、口腔、鼻腔、颅腔等）产生共鸣，这样一来发出的音质就有立体感和穿透力。

另外，方言也是演说中要注意的一个因素。我听过很多人的演说，内容相当好，但一张嘴就是浓重的地方口音，甚至有些词语的发音让听众不理解，并影响了最后的整体效果。所以标准的普通话是会给演说加分的。

（2）语调

如果把语音比作语言的外表，那么语调就是语言的情绪。演说时，通过声调的高低和节奏的抑扬顿挫，能使信息传递得更加生动而富有表现力。

- 我们可以用比较高的声音和夸张的语调，来吸引听众的注意力，或强化某个信息。
- 用较快的语速和节奏性强的表达方式，能够表现积极、活力、兴奋或焦虑的情绪。
- 而缓慢、低沉、下降的语调，则传递消极、悲伤或压抑的情感。
- 有时候，用很轻的声音能够制造紧张的气氛，或调动听众的好奇心。
- 我们甚至需要运用沉默的力量，例如当我们的话题希望引发听众的思考和领悟时，可以停顿几秒钟，让听众有足够的时间来品味和领悟；当某些听众注意力不集中，或者在交头接耳影响其他听众时，我们也可以用沉默引起他们的注意，比较礼貌地让其收敛过分的行为。

（3）语速

对于语速，目前尚无统一的研究结果。美国南加州大学的一些心理学研究发现，当一个人的说话速度比较快的时候，他的可信度和可靠性都会升高。

某些研究者发现越是说话快的演说者越有说服力。美国第35任总统约翰·肯尼迪是非常出色的公众演说家，他有时突然蹦出的几句话的语速可达每分钟300个单词。对于语速的接纳，我想和肢体语言一样，可能具有文化差异。对于美国人来说，较快的语速代表力量和能力，而且听众没有足够的时间来进行思考分析，便杜绝了他们的一些不利思维的产生。[25]看来，在辩论演说和营销演说中，较快的语速是具有正面作用的。

如果你是一名专家，在介绍专业领域的资讯，或者是管理者对下属讲话，那么本顿女士的忠告是：慢下来！本顿（D. A. Benton）为全球五百强企业的总裁和政治候选人提供私人教练服务，提升他们在公众面前的表现。她说许多人相信他们越忙越好，但是如果你想成为难忘的、给人印象深刻的、可靠的、真诚的、可信赖的、讨人喜欢的人，那么就要慢下来。她建议我们在表达时以正常语速的一半来讲话，在要点之间加入明显的停顿；试着模仿你最喜欢的人的声音。[26]

关于声音，你可以忘记上面所有的内容，但请记住我最后的两个建议：

第一，保持自然：

不要像某些大学朗诵社团表演的那样，走上舞台沉默片刻，然后突然间爆发："啊~有的人活着，他已经死了；有的人死了，他还活着……"也不要用很轻的声音，来表达丰富的情感，以免后面的听众听不清楚。如果你的内容不是很特别，保持自然就好了。

第二，录音：

每个人听自己的录音，都会被里面那既熟悉又陌生的声音吓到，你甚至会觉得那是世界上最糟糕的声音。是的，你的听众听到的就是它。听众听我们讲话，是通过耳朵的听觉系统，而自己听自己说话，声音则有两条路径传递，除了耳朵，还有我们身体里的骨骼，所以会感觉特别奇怪。拿出一点点勇气，录一下自己的演说，你就可以找到值得改进的地方。

表情与目光

人的大脑有专门识别人脸的区域，所以一个熟悉的人，我们在很远的地方都能辨认出来。演说者的脸也是听众关注最多的地方。

(1) 微笑

微笑是最重要的表情，它的社会功能是向对方传递"我对你没有威胁""我对你有好感"等信息。我以前在学习拉丁舞的时候，教练就告诉我们：保持微笑。微笑是评委在给选手打分时重要的印象分。

演说者的微笑，能让听众觉得你友好、放松、自信，并会引发他们积极的情绪体验。

与之相反，面无表情的演说者，则会让听众觉得你乏味、不友好、缺乏幽默感，同时也会让他们感到紧张或者莫名地感觉到情绪低落。

Smile costs nothing, but is everything.
微笑不花费什么，却可以赢得一切。

（2）表情

当我们在传递一个重要观点、讲一个情节曲折的故事或者表达强烈情绪的时候，你的表情是有力的催化剂。它一方面让听众感受到你的投入，另外你的脸部表情还能激发起听众心里类似的情绪。

如果你放得开，在某些时候做出一些滑稽的表情，会让听众更喜欢你。

（3）目光

因为紧张，很多演说新手都不敢和听众作目光的接触，这样不对。眼睛作为心灵的窗户，目光接触是和听众沟通和交流非常重要的形式。

演说时与听众交流的目光有不同的类型：

- 扫视：即快速地浏览全场听众，目光范围大；
- 注视：即和某些听众的眼睛作较长时间的接触，当时的注意力都在这位听众身上。

每隔一段时间，我们需要交替使用不同的目光，通常在说一般内容时，我们可以运用扫视；而讲到重点内容或细节时，可以注视几位听众，让他们觉得"是说给我听的"。记得不要总注视那几个听众，请给大家都留点机会。

肢体语言

我们的肢体语言能传递相对整体的信息。一个基本的原则，是保持身体的正直和稳定，这样会体现你的自信和专业。我们重点来讨论最容易出问题的部分——手和脚在演说中的运用。

(1) 手

手是人类最重要、最灵活也能传递最多信息的躯体部分之一。乔布斯在设计 iPhone 手机的触摸屏幕时，就抛弃了传统的触摸笔，而启用人类与生俱来、不会遗失、运作自如的手指来操作。

很多人一紧张手就不知道怎么放，不停地在裤袋里插进拿出，或者神经质地不断接触自己的脸部，这些都会降低听众对你的评价。你应该做的是：

- 把手自然地垂放在身边。
- 或者让上臂保持自然放松，肘部靠近腰，前臂抬起放在胸腹部附近。
- 配合你的演说内容，用手臂活动来加强语气。
- 听众人数越多，手臂活动范围越大；人数越少，手臂活动范围越小。
- 手上拿样东西可以缓解你的紧张情绪，比如话筒、翻页笔或者一支钢笔。

另外要注意手势的禁忌：

- 食指指向他人，具有指责、攻击的含义，所以千万不要用食指指向听众，有伸食指习惯的演说者，可以建立新的习惯，用大拇指尖接触食指尖（就是 OK 的手势）。
- 大拇指代表自我，避免用大拇指朝向自己，以免给听众骄傲自大的感觉。
- 手背朝上代表权威和强势，在传递一些不容置疑的信息时可以使用；而手心朝上或面向听众则代表坦诚和接纳，要和听众拉近距离，表达亲切感可以使用。

(2) 脚

和手一样，脚也是缓解紧张情绪常用的工具，而且脚离大脑最远，所以也是最容易忽视的地方。没有受过训练的演说者，会不断在两脚之间交换重心，导致髋部倾斜并影响躯干的正直，更常见的是不断抖动一条腿。演说时腿部的注意事项有：

规则17 | 非语言：你的身体会说话

演说时的手势

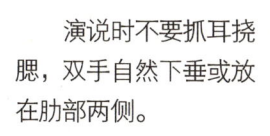

演说时不要抓耳挠腮，双手自然下垂或放在肋部两侧。

食指指向他人或大姆指指向自己都是不礼貌的行为；对于习惯伸食指的演说者，可以尝试用大姆指去控制它。

听众人数越多，手臂活动范围越大，（左边）；人数越少，手臂活动范围越小（右边）。

要表现得权威有力，可以手背朝上手掌下压；要和听众拉进距离，手心朝上或面向听众。

- 两脚自然摆放（一般就会与肩同宽），把中心平均地分布在双腿上，保持髋部和身体的正直。
- 恰当地移动，尤其是听众人数较多时，可以每隔一段时间，慢慢地走到舞台另一侧，让听众觉得你能很好地照顾到所有人。
- 移动不要太频繁，速度也不宜过快，以免干扰听众的倾听，更不要在一个地方不断地前后左右移动，让听众感觉心烦意乱。

外貌与服饰

小时候，我们被教导"不要以貌取人"。长大了我发现，虽然有些道理是正确的，但人们却永远做不到。人的本性就是以貌取人的，这和进化有关。当人们用略带失望的语气说"男人太好色"时，却不知这是由荷尔蒙和基因所决定的。男性为何被拥有丰满胸部和臀部的女性所吸引，因为有足够证据表明，WHR（腰臀比率）是测量女性生育状况的精确指标之一，腰臀比率在 0.67 到 0.80 之间的女性更健康、生育能力更强[27]。

心理学家的大量研究显示：虽然漂亮的人并不一定会让人联想到正直，也不一定会被认为更友善，然而，在其他各方面条件都相同的情况下，我们仍会猜测漂亮的人会更快乐、更热情、更开朗、更聪明和更成功。另外一些研究发现：当一个论点（尤其是感情方面的论点）来自于一个漂亮的人时，往往具有更大的影响力。[28]

那么，长得漂亮的演说者是不是天生就比相貌平平的更有优势呢？答案是肯定的——长得漂亮更有优势。然而，首先我并不是鼓励大家都去韩国整容；其次，外貌只是影响演说效果的因素之一。我想马云的相貌一定和漂亮扯不上边，但他的演说却影响了很多人，这源于他的自信、思想、口才和成功经验。

最后，每个人都可以通过形象设计和管理，来塑造更美好的外表，你需要付出的，只是每天多花几分钟时间，并养成习惯。

(1) 个人卫生

这是塑造形象的起点，虽然布拉德·皮特长得相当帅，但他身上的体味却在片场令工作人员受不了。指甲要定期修剪，避免听众从你手中接过名片时，看到长长的指甲，里面还储藏着黑色的污物。有些男性鼻毛很长，露到鼻子外面，上面还粘着几坨分泌物就不太雅观了，记得注意修剪。胡须要每天都剃。若留长发或蓄须，那么也要保持清洁，胡须要定期修剪。

（2）发型与妆容

现在是多元化的时代，人们对于不同的发型和妆容的接纳度也越来越高，2011年刘翔就在CCTV体坛风云人物颁奖典礼中以烟熏妆和朋克发型亮相。如果你出席的是规格较高、内容较严肃的场合，或听众年龄偏大，那么保险的做法是整体采用传统些的发型与妆容，在局部细节上不妨尝试变化和凸显特色。

（3）服装与饰品

一套正式的职业装，对于演说者来讲永远是最安全的。当然也可以根据不同的场合，选择小礼服或休闲服，事前询问下主办方穿着要求会更保险些。虽然我不追求名牌，但服装我还是比较信赖有品牌的，无论面料还是做工，都能透露一个人的品位。对于年龄偏长的演说者，我的建议是避免深色系的服装，那会令人看上去更老，而浅色甚至是亮色的衣服则更适合于舞台，并让你显得年轻而有活力。饰品要节制，男性的手表、袖扣足以彰显你的气质，更多的装饰只能降低自身的格调；女性也是一样，珠光宝气更适合走红毯的明星，全身闪亮晃听众眼睛，反而会降低你的专业性。

（4）香水或香氛

是否使用香水纯属个人喜好，一款适合自己气质的香水或香氛，也能令身边的人感觉愉悦。但切忌喷洒过多，熏得周围的人头昏脑涨，采用少量多点较好。

外貌、服装和饰品能改善你的形象，让听众耳目一新，更能提升你的自信，激发最佳的演说状态。在演说时，千万别忽视非语言信息的力量！

演说的第十七条规则：
人们都以貌取人

TRY 尝试与练习

特朗普的演讲

　　每次美国总统大选都会引发众多争议，之前的"特朗普大战希拉里"更是争议不断，以至于尘埃落定之后，舆论都久久不能平息。特朗普为何会成为最终胜利者？他的胜出又为何会引发众多争议？请观看特朗普的竞选演讲视频，试着列出 5 条以上他所运用的非语言影响因素。

规则 18 空间

物理环境对身心感受的暗示作用

WHAT 痛点与问题

密度与群体效应

一位合作伙伴经常和我分享培训心得，培训场地的大小会影响培训的效果。她把这种现象归结为老师的"气场"——听众人数少、场地面积过大，老师的"气场"就分散了。对于"气场"我没有多少研究，但我知道这是一种社会心理现象——社会助长（Social Facilitation）。

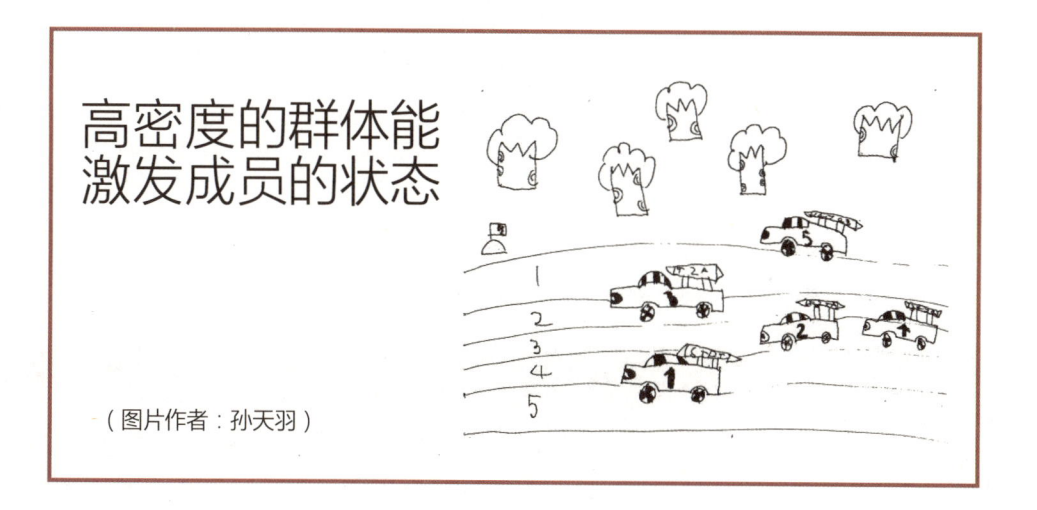

高密度的群体能激发成员的状态

（图片作者：孙天羽）

社会助长

WHY 心理现象与概念

"社会助长"指当他人在场或与他人一起活动时，个体行为效率有提高的倾向。也就是说，在做某一项工作时，个体和别人一起做往往做得又快又好，比一个人单独做时效率高。

早在1897年，社会心理学家特里普利特研究发现：自行车选手在一起比赛时的成绩，比各自单独练习时的成绩好。

其他的心理学家也观察到，当有同类在场时：
- 蚂蚁能挖掘更多沙子；
- 小鸡会吃更多谷物；
- 交配中的老鼠会表现出更多的性活动。

观众在看喜剧时，人群越大坐得越近，越容易被诱发出笑声和掌声。社会心理学家扎伊翁茨（Robert Zajonc）因此提出社会唤起效应，即群体使个体互相促进提高状态。[29]

演说会场达到一定的密度，可以促进情绪的扩大，使现场氛围更加热烈，激励的演讲更加振奋人心，幽默的演讲爆发更多欢笑……当然，糟糕的演讲也会带来更多的不满。

因此，理想的会场是正好把听众装满。如果你知道来的人数比预计的要少很多，在时间允许的情况下，尽可能调换一个更小的会场，或者撤掉后面的位置。也可以请分散在各个角落里的听众动一动，坐得更集中些。作家兼演说家斯科特·博克顿（Scott Berkun）在他的书中分享了自己的经验：

規則 18 | **空間**：物理環境對身心感受的暗示作用

要讓聽眾換座位可是需要一些技巧的。我們是懶惰的動物。反正我一旦坐下，就不太願意再站起來坐到另一個地方去。然而，事實證明，人們願意聽從權威人士的指揮，特別是在演講廳之類的地方。我們一生中都在聽從帶領大眾的人的命令，隨之起立、坐下、唱歌、閉上眼睛、玩"西門說"（Simon Says）的遊戲①、唱國歌，以及做很多其他的傻事。然而，要是沒有一個拿著麥克風的人在指揮，我們自己是絕不會做這些的。不管你在哪裡，也不管聽眾以為你有多害怕，只要你拿著麥克風，微笑著請求他們站起來換一下座位，他們就會聽從你的話。問一下聽眾是否想玩一個遊戲，如果他們舉手表示贊成（參加演講或者會議的人往往都希望做一些小遊戲），你就可以讓他們這麼做。這可能需要你花費一些時間，但是磨刀不誤砍柴工，這些還是很有必要的。而且，在你之後演講的人也會受益於此。那些不聽從你指導的人就會留在演講廳的角落裡。沒有哪條法律規定說你一定要公平地對待每一位聽眾，所以你可以對那些積極響應者予以更多關注，讓他們移位之後享有其他的好處。[30]

如何主動邀請聽眾配合，博克頓給了我們很好的建議。而當我遇到那些不願意動的聽眾時，還會再努力一把。此時，演說者和聽眾其實是在博弈，彼此觀察和試探對方，並將對方的反饋作為下一步決策的依據。當我邀請大家坐得更近些之後，聽眾心裡會想：我要不要按他說的坐呢？坐這裡挺好的，別人會怎麼辦？先看看再說吧。也許有的聽眾開始挪動，也許一個人都沒有動。於是我目光掃視著他們，並保持沉默，我在傳遞的信息是：好吧，等你們換好座位我再開始，你們看著辦吧。一般情況下，聽眾會感受到壓力，並陸續變換位子。別忘了，站在台上的你壓力會更大。所以這一招會有些風險，並需要較強的耐壓力。同時，記得別玩過火，如果在 5 秒鐘內沒有人移動，改用別的法子，例如做一個有趣的遊戲，借機讓大家坐一起。千萬別在這個環節上和聽眾產生過大的對抗。

---

① Simon Says（西蒙說）是一個英國傳統的兒童遊戲。一般由 3 個或更多的人參加。其中一個人充當"Simon"。其他人必須根據情況，對"Simon"宣佈的命令做出不同的行為反應。——作者註

189

不同的座位排放

会场的座位排放会影响听众看你和投影屏幕的角度，影响听众与听众之间的交流，最重要的，是会影响听众和你的交流。

设计会场座位排放应考虑下列因素：

- 听众人数。
- 会场硬件条件：面积、舞台和投影位置、电源和数据线位置、座位是否可以移动等。
- 听众的舒适度：是否每个座位都看得到演说者和投影，是否会坐得别扭，人与人之间距离是否太狭窄，是否离音箱太近等。
- 走动：是否方便走到听众席与他们交流，是否方便听众上台，是否方便听众在休息时间自由出入等。

其中听众人数和会场硬件对于座位排放具有决定作用。

听众规模与座位安排

(1) 小型演说

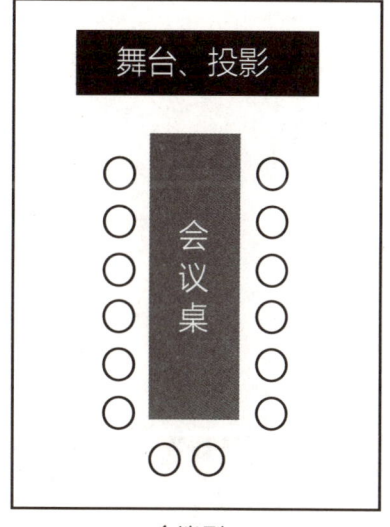

会议型

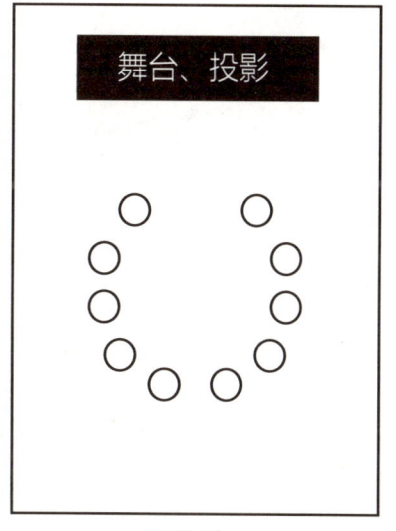

围圈型

当人数在 20 人以内，可用"会议型"或"围圈型"的座位排放形式。会议型的优点是中间桌子可供摆放物品，适合时间较长、需要听众作记录的演说；围圈型的特点是听众及演说者彼此可以互相看到，人际距离更近，更利于交流和互动，适合时间较短，需要讨论、交流和互动的演说，这种情况人数不宜过多，10~15 人效果最佳。

(2) 中型演说

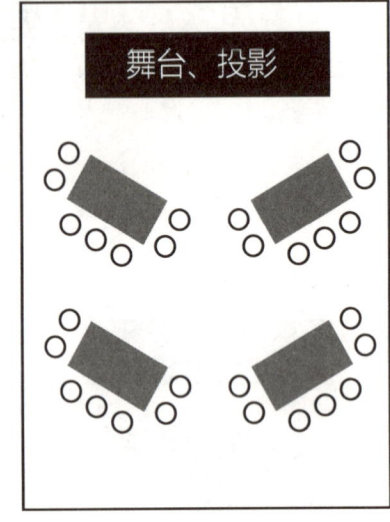

U型　　　　　　　　　　　　岛型

当人数为 20~50 人，可采用"U 型"或"岛型"的座位排放。大部分的企业培训都采用这两种形式。

U 型的优点是虽然人数较多，但演说者依然可以走近听众，近距离与听众互动，当然这需要演说者习惯于走动而不是一直站在自己的电脑前；U 型的问题是听众几乎只能和左右两边的人进行直接的交流，不利于团体的讨论和互动。

岛型是我个人比较喜欢的形式之一。尤其当人数超过 30 人，通过这样物理的分隔，会形成 6~8 人的小组规模，能让小组中的成员更有安全感（人数越少人们越感觉安全），互相熟悉信任的概率更高；另外，如果你让每个小组选举产生一名组长，还可以进行组员的"授权管理"，提高控场效果；当演说中有讨论、游戏或头脑风暴时，岛型是再适合不过的了，每个人都有充分的机会表达自己的看法，又不会因人数过多而难以达成一致；最后，还可以通过小组间的竞赛，提高听众的积极性。

(3) 大型演说

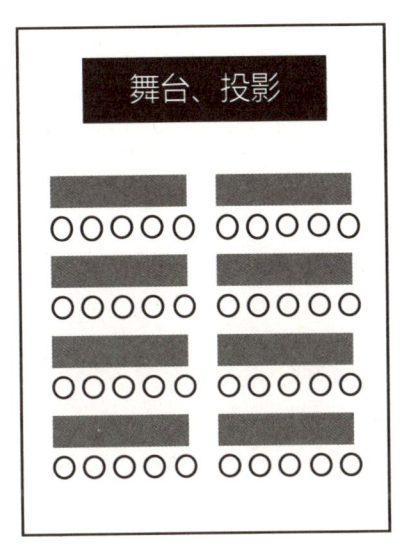

剧院型　　　　　　　　　　　宴会型

当人数超过 50 人，可采用"剧院型"或"宴会型"的座位排放形式，尤其当人数达到几百人甚至更多时，找一个各方面条件合适的会场也不是件容易的事情。那么这两种形式就能发挥最大的优势：空间利用率高。

剧院型给人的感觉是比较正式、严肃。每个人面前都有桌子，便于记录和放置学习用品。这个形式的问题是互动困难，没有空间做集体类的游戏或讨论，只能利用舞台进行部分听众的参与活动；另一个问题是，坐在后面的听众容易走神，倒未必是他希望这样，但因为会场大，你的注意力会更多地集中在前面的听众身上，所以他们更可能进入游离状态。所以选用剧院式，你要准备好说得更多，并要说得更精彩。

宴会型的排放形式，顾名思义似乎很适合宴会场合。很多企业内部活动和年会中穿插的演说，往往会采用这样的形式（听众很可能希望你快点结束以进入饕餮时间）。你会觉得宴会型仿佛是放大的岛型，可以这么理解，区别是前者人数更多，大型的互动并不适合，而气氛热烈、在圆桌内开展的活动则是不错的选择。另外要考虑到每桌都有几位背对舞台的听众。

这些是最基本的座位排放形式，几乎涵盖了95%以上的演说需要，其他的变化也都是在此基础上作出的调整。

座位排好后，建议你自己先坐坐看，选择前后左右中间等不同的角度体验一下，感受听众坐在这里是否舒服，会不会有阻碍视线的死角，幻灯片上的字听众是否看得清楚。

环境布置

人类与环境是互动的。人在改变和创造环境的同时，环境也在影响和改变着人的行为。

据统计，世界上大部分人最喜欢的颜色是蓝色，根据进化心理学的观点，因为蓝色是天空和大海的颜色，而这些都与生存有关。

但人们并不是在所有的时候都喜欢蓝色。一家饭店口味不错，但生意却很糟糕，找营销专家来分析，发现是颜色惹的祸，于是他们将蓝色的墙壁重新粉刷成红色，结果生意立刻红火起来。

人们在中餐馆的行为习惯和在西餐馆也会不同，同一个人用完中餐可能想吸一支烟，但他在肯德基或麦当劳也许就没有这个念头。

超市的货架摆放及出入口位置也是行为学家研究的对象，他们发现不同的格局会影响销量，宜家独特的产品陈列方式，也是他们成功的秘诀之一。

诸多例子体现了环境对人行为的影响。除了座位摆放，演说现场的其他环境布置也在潜移默化地影响听众的心情，进而影响他们对你和演说的评价。

(1) 挂图

你能够想象你家的每面墙上都除了白色的涂料，没有任何的照片、装饰画吗？那样的环境很难让人有"家"的感觉。是的，"家"不等于"房子"，前者与后者最大的区别在于——气氛。同样的，面对冷冰冰的墙壁和桌椅，听众只能感受到一个主办单位租赁的会场，却难以感受到演说主题的氛围。如果我们运用一些挂图、海报，对环境作一番简单的包装，听众的感受立刻就不同了。

教育学家的研究也表明：好的教师知道把教室布置得有助于学习，把色彩丰富

规则 18 | **空间**：物理环境对身心感受的暗示作用

的招贴画贴在墙上，用语词和图画把课程中的所有要点都凸显出来。因为这些环境中的信息，会被学生们下意识地接收到，并提升他们的学习效果。[31]

我专门为自己的"演说心理学"课程设计了一套六张的系列海报，包括了我的个人介绍、演说中没有时间涉及而又对听众有益的知识和技巧，以及各种书籍网站等学习资源。每次有机构承办我的演说，我就会发给他们印刷，在会场布置出来。

我这么做的好处是：

- 环境更有气氛，让听众感受到连环境都是精心设计和准备过的；
- 让早到的听众有事情可以做；
- 让听众更快地进入到学习状态；
- 让听众在课间休息时，可以学习到一些额外的知识，从而有"超值"的感觉。

195

(2) 灯光

光线会影响心情，这就是为什么在晴天我们心情灿烂，而阴天则情绪低落。一般情况下，我都会把听众上方的灯光调至最亮，一方面便于听众做笔记，另一方面有利于听众保持良好的心情和学习状态。而昏暗的光线则容易让听众无精打采昏昏欲睡。

有些会场的电路设计就没有考虑投影的效果，会把舞台上的灯和听众上面的灯连在一起，要么一起开，要么一起关。演说和幻灯片设计大师 Garr Reynolds 的建议是不要关灯，他认为演说时要和观众建立沟通的纽带。如果他们连你的人都找不到的话，又如何与你建立纽带呢？观众如果见不到你，就会觉得难以将你所说的听进去，自然就会对你及你的演说失去兴趣[32]。遇到这样的情况，我通常会反复尝试，寻找到一个平衡点，即在保证幻灯片能清晰可见的前提下，把灯开到最亮。

有些演说需要在过程中变化灯光的亮度，则更要提前找到控制灯光的按钮，并安排你的助手或工作人员，在需要的时候关掉相应的开关，事先排练一下是很有必要的。

(3) 音乐

如果演说中要播放音乐，请提早与调音师沟通，将电脑连上音频线并试一下效果。演说开始前和中间休息时，也可以播放背景音乐，音量不宜过响，以免影响听众的互相交流。不同年龄段的听众群使用不同的音乐，以适合其口味。有时候也会遇到意外，比如会场没有音频线，或者音频线的接触不良导致出现杂音，我的经验是用一个话筒对准电脑的喇叭。

(4) 温度

特别炎热或寒冷的天气，提前一小时左右启动空调，就能让听众入场时感受到舒适的温度。过于炎热，听众会心烦意乱或者容易打瞌睡；过于寒冷，听众瑟瑟发抖，不会脱去厚重的外衣和帽子。心理学的研究发现，当人们在室内脱下外衣，能拉近人们之间的距离，互相间也更容易敞开心扉、坦诚相待；而穿戴得严严实实的人们，互相间态度更冷漠、更自我封闭。

(5) 气味

如果因为前面刚好有另一场会议，室内可能会有比较大的气味，应立刻开门、开窗通风，空气清新剂要谨慎使用，避免不同气味混合成更难闻的味道。

我们身处环境之中，却最容易忽视环境的作用。所有这些细节都与一件事情有关——提早达到会场。你提早到达，才有足够的时间和精力来发现问题、思考问题和解决问题。

> **演说的第十八条规则：**
> **人的行为受环境影响和暗示**

TRY 尝试与练习

演唱会的现场

你有没有去过演唱会的现场？如果还没去过，建议尝试一次。你会发现，置身于现场和坐在电视前观看的感觉全然不同。即使是最腼腆的人，在演唱会现场也激动得手舞足蹈，如痴如醉。根据你的体验，回忆出现场自己感受到的所有情绪，有哪些和平时不一样的行为？

_____

请运用本章节原理，尝试分析为何在演唱会现场，我们的身心感受和看电视不一样？写出 5 个以上影响到我们身心感受的因素。

_____

_____

思考一下自己的演说，你可以如何学习演唱会，来设计现场的布置与氛围。

_____

_____

_____

规则 19 时间

演说中的时间管理

WHAT 痛点与问题

演说的时间分配

除了空间，时间也会对听众产生影响。

听众最讨厌的，莫过于喋喋不休没有按时结束的演说者了。导致拖延的原因，有两个：
① 时间观念；
② 时间管理。

"时间观念"是态度问题，反映了演说者对听众的尊重。在今天这样的移动互联网时代，最昂贵的就是时间，商家在竞争的也是用户有限时间里的注意力分配。能准时或者提前一两分钟结束，反映了职业演说者的契约精神。

而"时间管理"的能力，则体现了演说者的专业度。时间设置是演说的一部分，除了准备内容逻辑、幻灯片排版、上台着装等，演说者也需要设计时间的分配，以及确保时间被有效管理的策略。

二八法则

二八法则又称帕累托法则，是意大利经济学家帕累托发现的现象。他指出：在任何特定群体中，重要的因数通常只占少数，而不重要的因数则占多数，因此只要能控制具有重要性的少数因数即能控制全局。

一个人的时间和精力都是非常有限的，要想真正"做好每一件事情"几乎是不可能的，要学会合理分配时间和精力，要想面面俱到还不如重点突破。

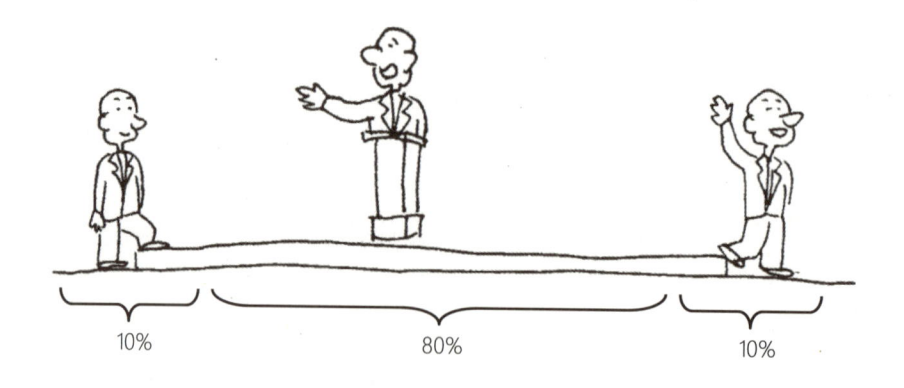

10%　　　　80%　　　　10%

根据我十几年的经验，演说中的时间分配也符合"80/20法则"，即80%的时间用于主题内容，20%的时间用于开场白和尾声。

开场与结尾的时间分配

演说长度	开场	主题内容	结尾
1小时的演说（60分钟）	5~10分钟	40~50分钟	5~10分钟
3小时的演说（180分钟）	10~20分钟	140~160分钟	10~20分钟
1天的演说（约6小时）	0.5~1小时	5小时	0.5小时

这个时间比例，是根据我的经验及演说风格制定的，它不是唯一的标准，仅作为一种参考。我要表达的重点还是我不断提到的——内容为王。

(1) 开场白

优秀的演说者开场白简短精辟，通过具有吸引力的话题，巧妙地过渡到正题上，既给了听众一段恰当的适应期，又充分地呈现了演说的主旨。

有些演说者毫无开场白（例如很多学校老师），没有与听众建立良好的关系，容易让话题显得生硬，并使会场气氛冷淡。

而有些演说者则花了过多的时间开场，用来介绍自己辉煌的过去和奇迹般的经历。这么做的原因我猜有两个：内容不够需要垃圾时间来填充；缺乏自信。这种做法反而会让听众产生"被忽悠"的感觉，觉得内容有些"水"。

（2）休息

听众注意力的维持时间是有限的，为了保持最佳的状态，记得给听众休息和去化妆间的时间。脑神经学家梅迪纳告诫我们：大脑需要休息。他用喂养肥鹅获取鹅肝酱原料的过程作比喻，告诉我们过多的灌输就像剩余的饲料一样对鹅没有任何营养价值。[33]

这也是为什么 TED 的演说都是 18 分钟的原因，哪怕你是行业的专家或者国家的领袖。

TED 为什么 18 分钟？

18 分钟的讲演或展示足以说明一个严肃的话题，观众的注意力也会保持在最佳状态。而且，对在线观看的互联网用户来说，18 分钟也同样能保证完美的观看质量。18 分钟，也可以是喝一杯咖啡所需的时间。因此，你欣赏了一场精彩讲演之后，会下意识地把链接地址告诉两个人、三个人，非常轻松，但意义重大。

18 分钟，就像 Twitter 利用篇幅限制，敦促用户精简文字。让讲演者们把通常 45 分钟的展示内容浓缩到 18 分钟，也是一个精简的过程，讲演者们都会反复思考：他们最想讲明什么或展示什么？他们希望和听众们的互动聚焦于哪个关键点？18 分钟，会让讲演更明晰，印象更深刻。

18 分钟，是我们的纪律，我们的局限，也是我们的优势所在！①

---

① 摘自：http://www.tedxshanghai.com/。

另外，一般每隔 1~1.5 小时，安排一次 10~15 分钟的休息，能最大程度地平衡演说的连贯性和听众的调整需要。

(3) 结束

除非你的演说异常精彩，听众用持续的掌声把你从幕后再次欢呼出来，你自己绝不要主动地拖延演说时间。面对拖延时间的演说者，听众的情绪将由平静转为烦躁、焦虑甚至愤怒。演说专家斯科特·博克顿的经验告诉我们，听众都想尽早离开，只要有机会在时间表之前几分钟完成演讲，你都应该这么做。[34]

但请注意，"几分钟"的意思是 5 分钟以内！如果因为某些原因，不得不拖延结束时间，请记得两点：

- 别超出太多时间，10 分钟往往是最大限度；
- 请提早——一般是结束前 10~20 分钟时——告知听众，可能要拖延（具体技巧参考"规则 16　语言"中的"打预防针"）。

(4) 演说中的时间进度控制

保持良好的节奏、按时结束的关键，是对演说进度有精准的时间控制。

- 首先是时间的预估，我在完成幻灯片后，会模拟一下整个演说的过程，看时间是否分配合理，以免内容过少或过多；
- 接下来，我会在幻灯片备注中记录各个关键内容的时间节点，这样我就能在幻灯片的"演讲者显示"模式下，看到预定的时间，并和实际情况作比较，控制进度快慢；
- 为了保持时间的弹性，还可以将演说的内容适当缩短，并准备几个备用的故事和互动，根据现场情况进行灵活的调节。

演说的第十九条规则：
听众的情绪会受时间的影响

在一天不同时段演说的注意事项

你的演说可能会被安排在一天中不同的时间段进行，你要因此作出恰当的调整，以适应不同的时机。

(1) 上午

这是演说的最佳时间，一般都会从九点开始，到了十点人们精力最旺盛、状态最佳的时候，也是你的演说进入正题和高潮的部分，听众会更专注，和你的互动效果也会更好。

要小心的是，现场是否有"夜猫子型"听众，他们会在你刚开始演说时就在下面哈欠连天，所以任何时候你都要精心设计开场，迅速出击，在第一时间抓住听众的注意力。

另外，要注意是否有听众从较远的地方赶到演说现场，也许他们在路上遭遇了堵车，也许他们刚刚在地铁里被挤得动弹不得，或者被一场大雨淋成了"落汤鸡"（有一次，我的听众们听演说时都把裤脚管卷到膝盖），此时他们的心情可能不太好，所以开场时也要小心措辞，避免激怒听众。

(2) 午后

这是很多演说者最不喜欢的时间了：刚吃完午饭，血液正供给到胃部进行消化，于是大脑昏沉，人容易犯困。

如果你不幸在这时候开始演说，别太快进入理论知识的介绍，游戏（尤其是需要身体运动的）、互动、有趣的话题等是应对听众疲劳的有效工具。

(3) 下午

有时我们也会被企业安排在听众下班前进行演说，从积极的角度看，下午三到四点也是人们工作了较长时间，需要调整状态的时候，此时如果你的演说题目比较新颖有趣，可能会受听众欢迎；从消极的角度看，听众可能担心你的演说是否会影响他们的下班时间，所以一开始就告知听众你的演说结束时间是有必要的。

（4）晚上

这是一天中除"午后"外的另一个"不幸时光"，尤其是被企业安排来参加培训的员工，他们会把你当作占用其私人时间的罪魁祸首，从一开始就抱有负面的情绪。所以严格控制时间，保持内容的精彩，尽早结束，是在晚上时间段赢得良好口碑的基础。

★★★★★
尽情演说吧，再没有比这更好的时光了。别对迟到的听众太苛刻了，让他们觉得悄悄溜进来的计划得逞了。

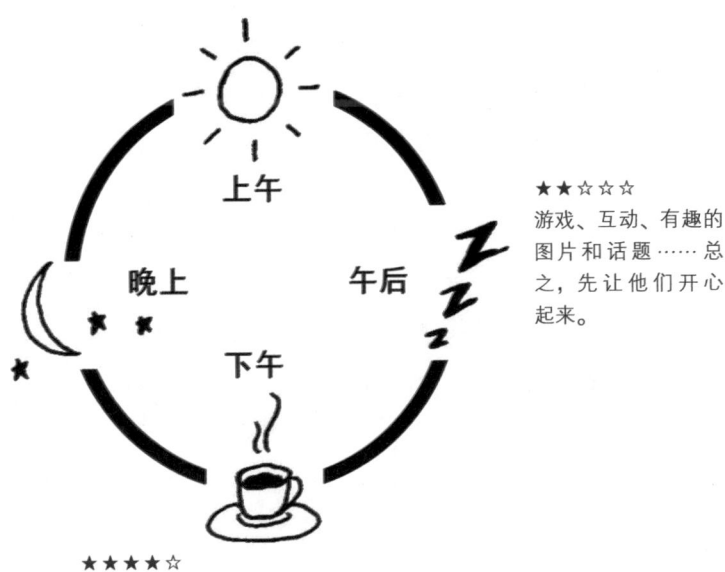

★★☆☆☆
表达对他们用业余时间来听你演说的感谢，可能的话，提早几分钟结束吧。

★★☆☆☆
游戏、互动、有趣的图片和话题……总之，先让他们开心起来。

★★★★☆
听众需要切换下频道，别再唠叨工作的事情，现在他们要的是一段 happy hour，记得让他们知道你不会耽误下班时间。

不要把时间当作限制，其实，如果你有足够的创造力，甚至能利用时间的特点，创造一次与众不同的演说：午餐后，为什么不可以放松放松，让原本就犯困的听众名正言顺地休息一下？晚上，本是最浪漫的时候，制造些小小的意外和互动，让听众不愿结束这场演说……

205

演说比赛中的出场顺序

各行各业都有高手,高手通常会互相切磋技艺,这样也能知道自己在行业里的水平。香港小姐的评选一年一度,体育健将四年一次同场竞技,而武林高手要二十五年才有一次华山论剑。演说界也有各种平台供大家互相交流技能和分享经验,从国际性的到民间自发组织的。

目前全球最热门的演说平台当数 TED。TED 由美国私人非盈利基金会 Sapling Foundation 于 1984 年创建,来自三个领域(科技、娱乐、设计)的杰出人士讲述事业创想和反思、人生故事和感悟,演讲全部限定在 18 分钟以内。从 1990 年开始,TED 发展为每年一度的头脑风暴盛会。自 2007 年以来,现场视频汇总在 TED.com 网站上,全球观众尽可观看和分享 700 余段优秀讲演。如今,TED 的议题延展到娱乐、慈善、环保、贫穷、创业等科学文化的各个领域,并从美国走向欧洲和亚洲。从 2009 年开始,TED 开放品牌授权(open licensing),允许各个地区和国家的人士遵照 TED 模式及其品牌准则自行策划组办 TED 大会,旨在促进更广泛的思想传播。这种在各地举行,并受到 TED 官方认可的会议就是 TEDx。目前在中国的 TEDx 组织有 TEDtoChina、TEDxBeijing、TEDxShanghai、TEDxGuangzhou、TEDxTaipei 等。

另一个在中国非常知名的演说平台就是"国际演讲会"(Toastmasters International),我曾经参加过"上海国际演讲者"(Shanghai Toastmasters)的活动,其热情的会员、高度结构化的流程设置以及严谨的时间控制,给我留下了深刻的印象。

除了这些官方的活动,你也许有机会参加大学的辩论赛、某个组织的竞选活动或者到客户的办公室为一个项目方案与竞争对手 PK。在激烈的竞争中,我们是否

什么时候出场最有利呢?

A. 第一个出场;

B. 最后一个出场。　　　　　　　　你的答案_____

有科学的依据,来指导我们取得优势呢?答案是肯定的,比如你的出场时间。我几乎每年都有机会和其他演说者或培训师同台展示,我曾经被安排在第一个出场,也被安排在最后一个出场,甚至下午第一个出场也有过。

这两种情况分别会产生不同的影响:首因效应和近因效应。

(1) 首因效应 (primacy effect)

首因效应与近因效应是由美国心理学家卢钦斯(A. Ladins,1957)首先提出的。他虚构了一个名叫吉姆的男孩,用文字形式展现了他的生活片段。在第一篇文字中,吉姆被描写成外向而热情的人,例如"吉姆与朋友一起去上学,走在撒满阳光的马路上,与店铺里的熟人说话,与新结识的女孩子打招呼"等;另一篇则把他描写得内向而冷淡,例如"吉姆放学后一个人步行回家,他走在马路的背阴

卢钦斯的首因效应实验

各组看到的信息	认为"吉姆是友好的"人数比例
第一组 描写吉姆外向热情的文字先出现,冷淡内向的文字后出现。	78%
第二组 描写吉姆内向冷淡的文字先出现,热情外向的文字后出现。	18%
第三组 只显示描写吉姆热情外向的文字。	95%
第四组 只显示描写吉姆冷淡内向的文字。	3%

一侧，他没有与新近结识的女孩子打招呼"等。然后，卢钦斯把这两段文字组合，以不同的方式呈现给四组实验对象阅读，并让被试者对吉姆作出评价。

卢钦斯的研究结果显示，信息呈现的顺序会对他人的印象评价产生影响，先呈现的信息比后呈现的信息有更大的影响作用，这就是首因效应（primacy effect），即最先出现的信息最具说服力。它和我们之前说的"第一印象"是一个意思。

所以在大部分情况下，第一个出场的演说者的确会比后面出场的人更有优势。尤其是在演说者一个接一个连续出场，并且第一个演说者的内容引发了听众的思考时，首因效应会愈发明显（Haugtvedt & Wegener，1994）。[35]

（2）近因效应（recency effect）

但是，卢钦斯在进一步的研究中发现，如果在两段描述之间插入其他信息，如听故事、做练习题等，那么大部分被试者会根据这些信息对吉姆进行判断，也就是说，最近获得的信息也会影响他们的印象，这个现象就是近因效应（recency effect），即人们对最近的信息有更好的记忆，因此，最近的信息比原来获得的信息有更大的影响。

研究显示，近因效应不如首因效应明显和普遍。在印象形成的过程中，如果有足够引人注意的新信息不断出现，或最初印象已经淡忘时，最新获得的信息就会有较大作用，这时近因效应出现。另外，人格也会影响首因效应或近因效应的发生，一般稳重的人易受首因效应的影响，而灵活开放的人易受近因效应影响。遗忘也会形成近因效应，在两个条件下发生：一是时间长到足够分离前后不同的信息；二是让听众在接受最近一种信息后立即表态，那么更容易产生近因效应。

（3）我该争取什么时候出场

所以你该第一个还是最后一个出场，则要视具体的情况而定。

比如你参加一场演说大赛，在最初海选阶段，大家一个接一个地出场，这时你应想办法尽早报名，并争取靠前的出场顺序，如果能第一个出场就更有可能给评委和听众留下深刻的印象。

如果你是参加某个竞选活动，你和你的对手在相隔一周的两个时间分别向投票者发表演说，而且后一名演说者发表演说结束后即进行投票，那么你要想办法争取成为后面那位。

了解你的"左邻右里"

除了出场顺序，其他选手的水平也是重要的影响因素，如果你被安排在一些水平较差的选手中间，相比之下你就会显得很抢眼。

另外，你可以打探一下在你之前和之后其他人的演说主题，略做准备并将他们的话题与你的内容相联系，起到前后穿插过渡的作用，那么你的灵活和智慧，将给听众留下深刻的印象。

> "一个男人与美女对坐一小时，会觉得似乎只过了一分钟；但如果让他坐在热火炉上一分钟，却会觉得似乎过了不止一个小时。这就是相对论。"
>
> ——阿尔伯特·爱因斯坦[①]

这段看似调侃的比喻却真有其事，这位伟大的理论物理学家真的在美国新泽西州普林斯顿高等研究院做过这样一个实验。爱因斯坦因此得出结论：观察者的心理状态对时间的感知有很大的影响（这位物理学家的理论好心理学啊）。所以，演说的内容终究是最重要的，会影响听众的时间感知！

---

① 摘自：《热科学与技术学报》1938年第一卷第九期（已停刊）。

晋升演讲

接到领导消息,由于你的业绩表现良好,将作为班组长候选人参加月底的晋升选拔。每个候选人需要上台进行20分钟的汇报演讲,评委根据演讲内容、现场表现和问答环节进行评分。评分结果将作为考核的重要指标之一。

你了解到如下信息:

- 汇报演讲的时间是14:00~17:00。
- 共8位候选人。

请写出你的最佳演说时间方案(比如演说最佳出场顺序、演说内容比例安排等):

_____
_____
_____
_____
_____
_____

规则 20 风格

乔布斯的演说你永远学不来

WHAT 痛点与问题

有些成功不可以复制

当一个人成名之后，相继而来的是大众对他的膜拜和效仿。我搜索了一下亚马逊（Amazon.cn），看到了无数挖掘名人效应的书籍：《向稻盛和夫学经营》《向乔·吉拉德学营销》《向格雷厄姆学思考，向巴菲特学投资》《向戴尔·卡耐基学口才》《向毛泽东学战略》《向乔布斯学创新》《向莫奈学色彩》。

效仿是取得成功的捷径。同时，我们也应该注意：

- 每个人成功的环境和时机是不同的，当有人宣扬某个人成功的秘诀时，其实他们并没有告诉我们，还有更多用了一样方法的人失败了。
- 别人这么做会快乐，你不一定会。天生人格的不同，导致了每个人拥有自己的行为方式和成功法则，一味学习别人的行为，你也许也会成功，但你可能无法享受这个过程，甚至连那个成功的结果也无法给你快乐。

有一次我点评学员演说时的肢体语言，我觉得他的手总是插在裤子口袋里，显得有些随意和盛气凌人。学员略带不服地说："我的手为什么不可以插口袋啊？很多优秀的大师在演讲时，都把手插口袋里的嘛。"我回答说："当一位大师把手插口袋里，人们会认为那是风格；当一个普通的演说者这么做，人们则会认为他不够专业。当你成为了大师，怎么做都可以。"

乔布斯的演说你永远学不来

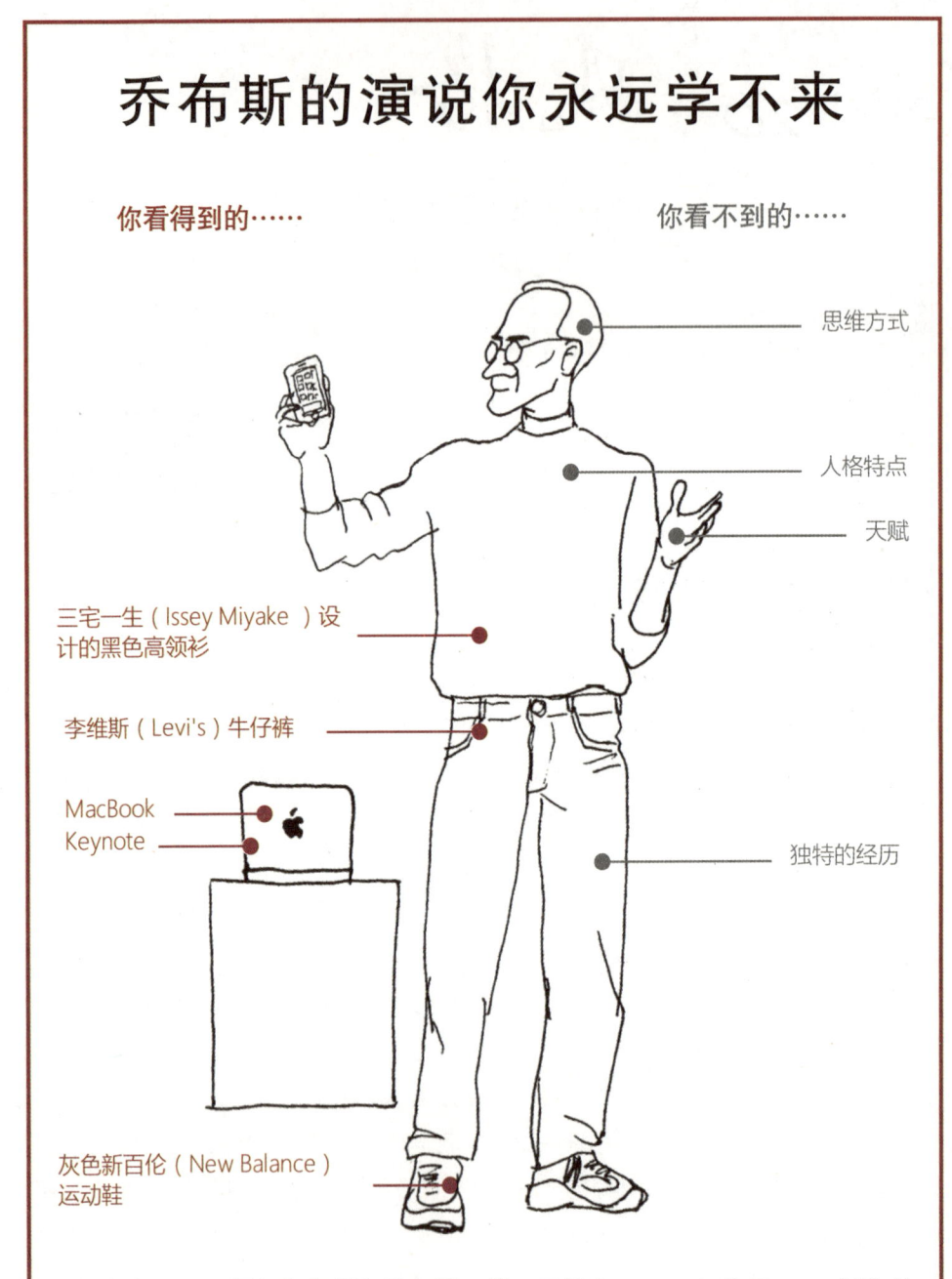

你看得到的……　　　　　　　　　　**你看不到的……**

- 思维方式
- 人格特点
- 天赋
- 三宅一生（Issey Miyake）设计的黑色高领衫
- 李维斯（Levi's）牛仔裤
- MacBook Keynote
- 独特的经历
- 灰色新百伦（New Balance）运动鞋

想象一下，假如你穿得和乔布斯一样，用着由 MacBook 的 Keynote 制作的幻灯片，在舞台上进行演说，台下是否会爆发出阵阵的 Wow 呢？

规则20 | 风格：乔布斯的演说你永远学不来

基因与环境

演说风格如何形成

从我们作为细胞诞生时，一系列的遗传信息已被刻入生命，例如外貌和性格的基础；而出生后经历的环境和事件，进一步塑造了我们的特点。你很难想象另一位史蒂夫——微软的CEO巴尔默（Steve Ballmer）用平静温和的方式进行演说[1]，也无法让小沈阳用严谨的语言主持新闻联播的报道（他倒是在湖南卫视的"快乐大本营"尝试过，怎奈他的这张脸很难让观众联想到"严肃"）。所以，要形成自己的演说风格，先要更好地了解自己的天赋和经历，及其对自己的影响。

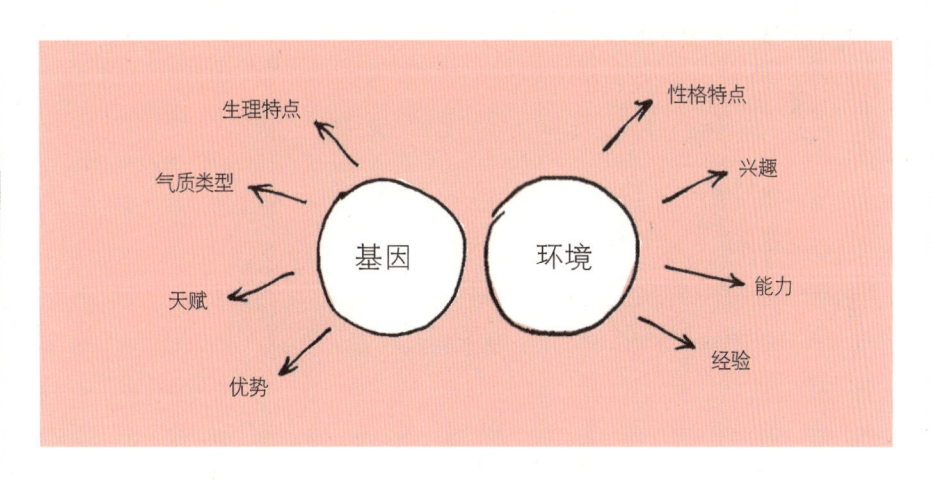

基因 → 生理特点、气质类型、天赋、优势
环境 → 性格特点、兴趣、能力、经验

---

[1] 史蒂夫·鲍尔默（Steve Ballmer）是比尔·盖茨在哈佛大学的同学，于1980年加盟微软，微软公司前首席执行官。他是个富有激情的人，在舞台上演讲的他像只挣脱了牢笼的野兽般，在现场上蹿下跳、声嘶力竭。人们戏称他"快要疯了"。——作者注

创新与简洁：乔布斯的人生与演说风格

经历

他出生时就遭抛弃，被乔布斯夫妇收养。在潜意识里不被亲生父母爱和认同而产生的自卑，导致了他自恋的人格，这也是为什么他对产品的设计和细节有着近乎偏执的完美要求。也许这只咬了一口的苹果，是让他补偿内心缺失的爱、认同和尊重的唯一途径。

乔布斯所居住的地方有大量电子公司，很多科技人员都住在附近，这些是让他未来热衷于电子科技的原因；另外，他对音乐的热爱也在很大程度上影响了苹果公司的产品线。

乔布斯虽然在美国里德学院仅读了六个月就退学了，但他并没有停止对自己感兴趣的知识的学习。他继续住在那里，学习书法和东方哲学，甚至跑去印度学习禅修。

乔布斯有过短暂的打工经历，之后便与好友沃兹尼亚克合作，沃兹负责设计电子产品，乔布斯把产品卖掉。

- 母亲
- 父亲
- 兴趣
- 学习
- 工作

人格
孤傲、敏感、追求完美、以自我为中心

优势
创造力、审美、远见、口才

领域
电子科技、娱乐

总结

在乔布斯的每一次演说中，都能看到其独特的经历，对他与众不同的人格、优势和擅长领域的塑造。自恋的人格、对字体设计的迷恋以及从东方哲学领悟的简洁艺术，让他的演说语言精练而有力，幻灯片充满视觉的震撼力；而在电子领域的丰富经历，以及对音乐和娱乐的爱好，则成为他坚实的知识基础。

科学与艺术：我的人生与演说风格

经历

母亲一直在国家的科研院所工作，作为家里的长女，她具有严谨的处世态度和责任心，并深受我外公的影响而注重细节和完美，家里总是打理得有条不紊，干干净净。●母亲

父亲是一名电子自动化工程师，爱好就是看书和钻研技术。他孝顺、为人憨厚、不善交际，在我的印象中几乎没有发过脾气。●父亲

我的童年是在广播和连环画的陪伴中度过的（很宅），做完作业就拿出连环画来临摹，小时候很多课本的页脚，都留下了我绘制的最原始的动画，我曾经的梦想是做一个画家。●兴趣

为了进入梦寐以求的复旦大学，我服从调剂学习了四年财务。压抑多年的叛逆个性终于释放，在自由空间不断汲取周围感兴趣的知识，并且第一次了解到商业培训，并领略到它的魅力。学习并未因大学结束而终止，困惑于培训市场的混乱，我又先后学习了心理学和体验设计。●学习

毕业后我一直在培训领域工作，担任过连锁机构的培训经理、咨询公司的心理学产品研发总监、自由职业讲师，还经营过几家培训公司。现在再次创业与合伙人成立了 AHa 幸福学院。●工作

人格
内向、认真踏实、科学、逻辑严谨、注重视觉感受、追求完美和细节

优势
审美、想象力、流畅的表达能力

领域
培训、演说、心理学

总结

父母的教育和言传身教，培养了我踏实而完美的做事风格，我的演说和培训都建立在扎实的知识基础上，绝不哗众取宠；演说中运用的幻灯片，满足了我童年未实现的艺术梦想，可以尽情地在屏幕上展现视觉的美和创造力；而心理学为我提供了一个完善的知识框架，让我在人类心灵和演说间游走，在科学与艺术中享受跨界的快乐。

演说心理学 Presentation Psychology

_____ ⬉ ：探索你的人生与演说风格

④ 最后在横线上填写你演说风格的主题词

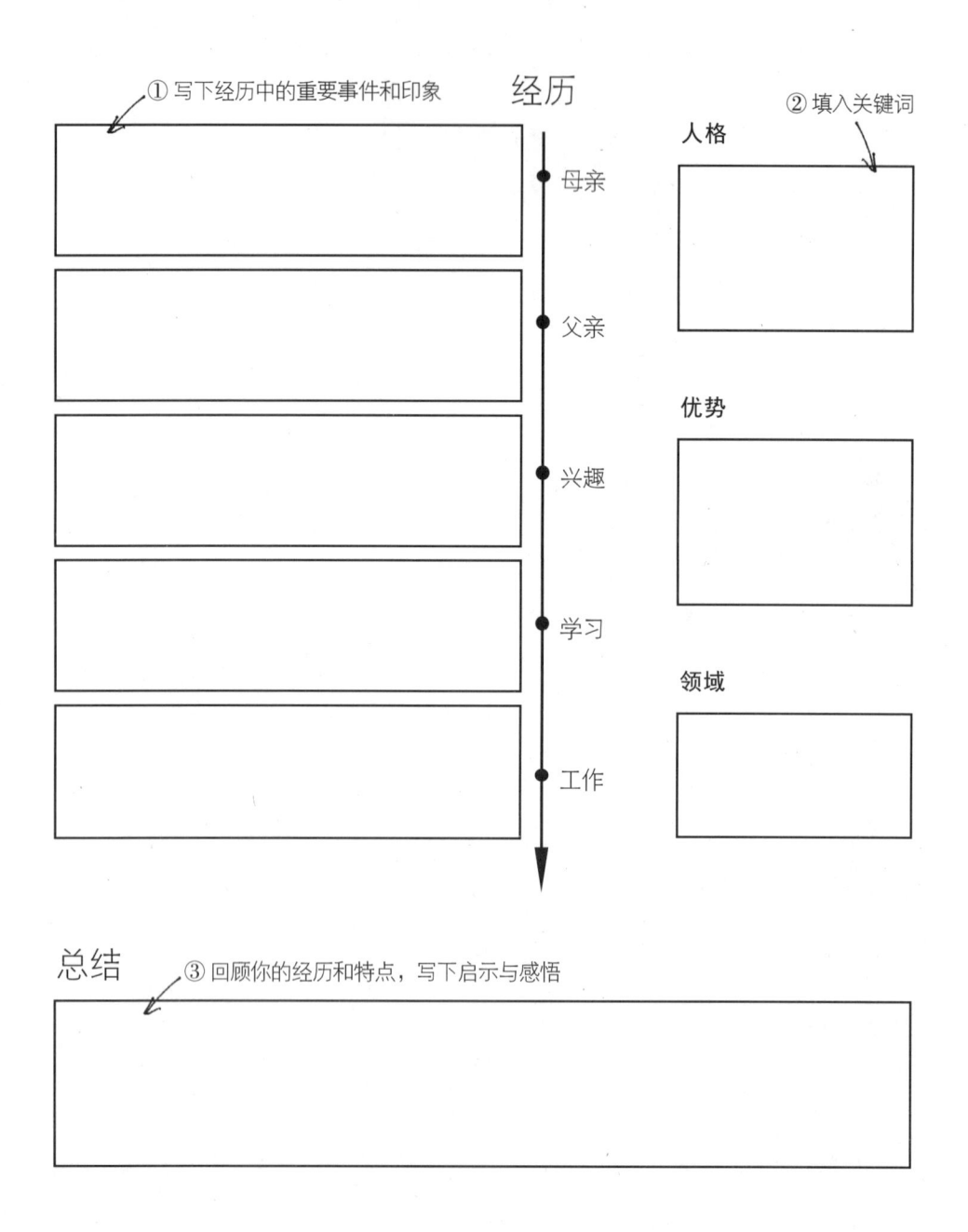

经历

① 写下经历中的重要事件和印象

• 母亲

• 父亲

• 兴趣

• 学习

• 工作

人格

② 填入关键词

优势

领域

总结 ③ 回顾你的经历和特点，写下启示与感悟

规则20 | **风格：**乔布斯的演说你永远学不来

没有缺点，只有特点

大师散发迷人的光芒，让我们不断理想化地将他们的形象投射到自己身上，并渴望能成为他们。理想化遮住了眼睛，让我们选择性地只看到他们的优点，并在自己的想象里塑造出一个完美的形象；反过来，却不断看到自身的缺点。

别把时间浪费在改变缺点上。事实是：并没有完美的演说和完美的人，对完美的追求只是一种态度和过程，而非结果。忘记"缺点"这个词，关注你的"特点"。把特点强化、放大，让它成为你的品牌。

祝你好运！

> 演说的第二十条规则：
> **了解自己并发展自己的风格**

TRY 尝试与练习

奇葩说的启示

　　2014年，一档综艺节目《奇葩说》横空出世，吸引了众多眼球，也捧红了一众网红。从这档节目中我们也发现，观众喜爱并接受多元的价值观，节目中的网红们风格迥异，如马薇薇、范湉湉、颜如晶、肖骁……各路"特殊人类"齐聚，各有一批忠粉。那么你喜爱的"奇葩网红"或"偶像"是什么风格？Ta的风格是如何形成的？

　　结合之前探索出的人生与演说风格，试着想象你的特别属性会吸引哪类受众群体，你未来的忠粉又将会在哪里出现？

_____

_____

_____

_____

_____

规则 21 成长

演说的关键不是技巧，是你

WHAT 痛点与问题

热巧克力和盛它的杯子

曾经读到一个非常美丽而智慧的故事。一群事业有成的大学毕业生，在一次班级聚会的时候议论他们的生活。他们决定去探访现已退休的教授，因为他总能赋予他们灵感。

在交谈中，话题慢慢转移到抱怨工作、生活和人际关系的压力上。这时，教授用一壶热巧克力招待他们，并从厨房拿来各式各样的杯子，有瓷器的、玻璃的、水晶的。有的看起来普普通通，有的看起来昂贵高级。教授让他们自取巧克力，当他们每人手上都有一杯热巧克力的时候，教授就开始说话了：

"你们看，所有好看的或贵重的杯子都被你们拿上了，剩下的都是些普通的便宜的杯子。为自己挑一个最好的杯子是很正常的做法，但这也正是你们的问题和压力所在。你用的杯子并不提高你喝的巧克力的品质，在大多数情况下高级的杯子只是比较贵而已，而在有些时候它还隐蔽了我们在喝的东西。你们每个人其实想要的都是热巧克力，并不是想要杯子。但是你们却有意识地想要一个最好的杯子。并且很快你就开始留意别人手里的杯子。

现在，朋友！让我们来思考：生活就是那巧克力，而你们的工作，金钱和社会地位就是那些杯子，它们只是支持和承载生活的工具；你所持的杯子既不能说明，也不能改变你活着的生活质量，有些时候因为我们太关注于杯子，而不能享受上帝供给我们的热巧克力。要牢牢记住：上帝酿制热巧克力，他并不选择杯子。"

这位智慧的、爱喝热巧克力的教授，用厨房里的杯子，告诉学生们生命的质量与金钱和社会地位无关。

演说又何尝不是这样呢？听众当然会为我们华丽的技巧鼓掌，然而过了一天、一周、一年、十年，他们还能记得我们所说的内容吗？他们是否因为听了我们的演说，而改变了他们的生活轨迹呢？

技巧很重要，但更重要的是内容

在一次《幻灯片设计技巧》的培训中，我一如往常地提早一个小时到达现场，居然看到有好几个学员也已经到了。和他们打完招呼，我打开苹果电脑，连接各种设备并进行调试。这时，听到有一位学员和身边的同事说：

"你看，老师用的是苹果电脑，效果肯定不一样，我们公司也应该给我们配这个。"

他的这番话也许只是和同事调侃，却反映了人们的很多惯性思维——过度依赖技术和技巧。

规则 21 | 成长：演说的关键不是技巧，是你

自我服务偏差

"自我服务偏差"（Self-Serving Bias）指人们趋向于把别人的成功和自己的失败归因于外部因素，而把别人的失败和自己的成功归因为内部因素。个体一般对良好的行为采取居功的态度，而对于不好的，欠妥的行为则会否认自己的责任。

例如，足球比赛输了，就会认为要么是裁判不公平，要么是场地不适应，不会认为是自己的技术不好；如果球赛赢了，就会认为这是自己拼搏所应得的，绝对不会是裁判的有意偏袒。

同样的，决定演说效果的绝不是电脑，也不仅仅是一些技巧。一台 MacBook 和一款 Keynote[①] 软件，并不能让一个三流的演说者成为大师。就好像穿上奢侈品牌，并不能改变人的气质一样。

运用本书介绍的技巧，的确能够快速提升演说的效果，但这种改善的程度终究是有限的。你的内容才是决定你高度的基石。我写作本书的初衷，是让读者更了解听众的心理，理解和运用人性的规律，少走弯路。

---

① "Keynote"是苹果公司推出的运行于 Mac OS X 操作系统下的演示幻灯片应用软件；与微软的 PowerPoint 相比，Keynote 具有丰富的动画效果，例如三维的幻灯片切换效果，令演示更夺人眼球。

你就是内容

演说的内容不应仅仅是一本书、一套理论或一个别人的观点。演说单单基于这些的只能算是一个教书匠。

你——准确地说是你的全部——才是演说的内容。

因为只有你的人生经历、性格、知识、爱好、积累才是世界上独一无二的，才值得你不断挖掘出分享的内容。不要觉得自己是平庸的，那可能是"只缘身在此山中"。

我们在前一章节，一起探索了人生的经历：
你的父母给了你天赋，并塑造了你独特的性格和优势；
你的兴趣无时无刻不在心中蓄积力量，等待时机展现灿烂的一刻；
而你所有的学习和经验，都在增长你的智慧、思想和技能。

整理和分享这些部分吧，它们已经是很棒的演说内容了。

下一页的四类问题，会给你一些启示，作为挖掘自己的思想、能力、优势和眼界的参考。

规则 21 | 成长：演说的关键不是技巧，是你

挖掘你的演说内容

思想

面对那些别人觉得棘手、你却能轻松应对的事情时，你是如何思考的？对于工作、生活中的困扰，你有何独到的见解和出人意料的解释？

能力

做你最擅长的事情时，你认为关键是什么？你的步骤有哪些？人们容易犯的错误有哪些？你是如何避免的？还有别的秘诀吗？

优势

你在工作中有哪些做得得心应手的事情？曾经取得哪些辉煌成绩或伟大成就？你经常被领导和同事夸赞的是什么？你小时候经常被父母和老师赞赏的又是什么？

眼界

你有没有独特的经历？那些别人从来没有过的或没有想到过的体验？大到和某个巨星的相处与交谈，小到观察了一个小时的蚂蚁搬家。

让自己更有分享的价值

投资自己的生命，就是让自己更具分享的价值。

我在"规则8 权威"中，已经就专业理论和知识的储备做过相关的介绍。接下来我将分享的是，如何在生活中学习。

(1) 记录优势

我们已经知道，优势是你最大的财富和演说最好的内容，它作为一种习惯性的思维方式和行为模式，让你熟悉得几乎难以发现它的存在，就好像你完全不能意识到早上起床穿衣服的每个步骤，但它们就是自然而然地发生并完成了。

现在要做的，是把你的习惯和思想，变成具体的、看得见的工具。记录和总结就是关键。开一个博客（也许你早已有了，它是很好的知识管理的工具），把日常遇到的点点滴滴记录下来：

- 体现你优势的案例；
- 对自己案例的分析，总结思维方式和行为步骤；
- 分享别人类似的成功案例；
- 对于别人的问题进行解答；
- 记录相关的理论和知识；
- 保存相关的照片。

你要投资的是时间，而且很可能是业余时间。不要刻意为了写而写，等你有感触了就记录下来。贵在坚持！

(2) 跨界

任何一个行业，如今都已相当成熟和繁荣，要让自己的演说与众不同、吸引眼球，需要一个特别的、创新的话题。最好的方法是跨界——把两个不同的领域联系起来。

以我自己为例："演说技巧"讲得好的人有很多，"心理学"的大师更是层出不穷，而将两者结合并演绎出来的，似乎是个空白。于是，我发展出了自己的定位——演说心理学。

所以，不仅要深入研究专业，还要抽空了解其他领域的知识，拓展你的知识结构。

规则 21 | **成长**：演说的关键不是技巧，是你

跨界组合练习

试着把你感兴趣的东西写成一列，再把你擅长的东西写成一行，看看互相之间是否有结合的可能。

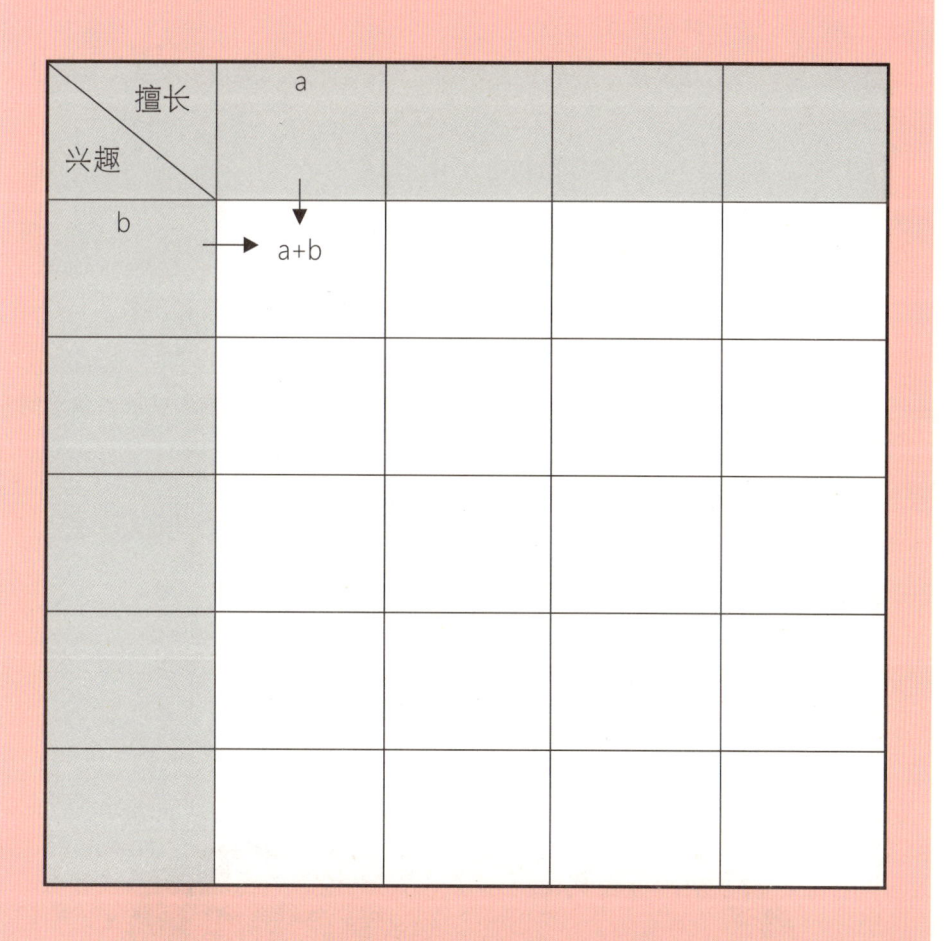

擅长 兴趣	a ↓			
b	→ a+b			

225

(3) 体验生活

每个人都在生活,但并不是每个人都在体验生活。有些人(保守的说法,其实是大部分人)只是在习惯性地活着,守在让自己有安全感的防线内不肯出来。

真正的生活,是不断尝试新的体验。对于演说者来说,能够提高眼界,从新的视角或更高的层面,来看待原来熟悉的事物。去国外深造的学子、去好莱坞拍戏的演员,收获的不仅是知识和身价,更重要的是眼界的开阔,接受多元文化的冲击与整合。能够有条件出国留学或环球旅游,确实是拓展视野很好的途径,然而,金钱并不是尝试新的生活体验的唯一工具。

我对开阔眼界的定义是——拓展生活圈。下面是一些只要很少花费,甚至是免费的方法:

- 下班后走一条不同的路线回家;
- 参观免费的画展;
- 换一个新的发型和服装风格;
- 在你居住的城市发现一个没有去过的地方,了解它的背景和历史;
- 通过杂志、电视或网络等扩充你感兴趣的领域的知识;
- 和具有不同文化、职业、兴趣的人交朋友,了解他的思维方式、价值观等;
- 重新设计和布置你的房间;
- 报名参加一个你感兴趣领域的短期培训班;
- 学习一项艺术活动,例如折纸或拉丁舞。

> 演说的第二十一条规则:
> **你自己就是演说的关键和内容**

最后的建议

这本书终于要接近尾声，是时候告诉大家最后的秘诀了。因为每次演说或培训结束后，总有听众问我索取秘诀。所以我准备了一个，以便满足大家的心愿。

说到演说的秘诀，就是七个字：
——练习、练习、再练习。

是的，这是我在演说方面取得一定成绩的唯一秘诀。我天生内向，记得初中被选为大队长，要当着整个年级同学的面作就职演说。我从未在那么多人面前讲过话，时至今日我仍完全记不起自己说了些什么，只记得自己很紧张，伴随我走下台的不是掌声，而是嘲笑声。因为我的成绩都还不错，并有一技之长，所以从小到大都是班级甚至学校的干部，于是有了更多需要和他人接触的机会，并锻炼了当众发言的能力。

而我总结的所有的演说技巧，都是一个普通人可以做到的事情，唯一需要的，就是坚持和练习。国外流传着"一万小时定律"的说法，即任何大师在取得成就时，已经在该领域里做了一万小时以上了。我记得高晓松在一档节目里采访了一些日本的匠人，要去他们那小小的隐于市的米其林餐厅，你得提前几个月预订，他们就守着自己的一方天地，一辈子就在炸天妇罗，或者捏寿司，并且不断改良、创新、追求极致。王家卫在《一代宗师》的拍摄中采访了全国各派的武林高手，他最后的领悟是"功夫就是时间"。不管你做什么，浸泡在那个领域，你都会成长。如果能专注于一件事情，比如演说，并且坚持练习，那么成长的效率也会更高些。

盼望我们能在舞台上见！

新晋知识网红河森堡

　　河森堡本名袁硕，毕业于首都师范大学计算机专业，毕业后应聘成为国家博物馆讲解员。2016年6月起，他开始以网名"河森堡"在知乎网站上发表科普类文章，同年11月参加综艺节目《一站到底》，2017年3月在现场演讲与网络视频结合的网站"一席"演讲人类学史——"进击的智人"。2018年受邀参加马东主持的"奇葩大会"，被越来越多的人接受和认可。

　　请尝试思考河森堡为什么会迅速成为网红？他的能力和优势有哪些？他又是如何进行跨界整合的？

规则 21 | **成长**：演说的关键不是技巧，是你

PRACTICE 实践

佘 啸

AHa 幸福学院 2016 级门徒、激励领导力与心理资本专业合伙顾问
华中师范大学心理学硕士、职业规划师、国家二级心理咨询师、国家 OH 卡认证执行师
7 年以上三甲医院临床工作经验

人人都是演说高手

假如你能和你的朋友在吃烧烤时侃侃而谈，你就有着成为演说高手的潜质；假如你有某些独特的观点或经历，你的演说就能有趣有料；假如你再能展现出自己的独特风格，你就会有一票粉丝；假如你还不断坚持，刻意练习，那高手不是你又是谁呢？

虽说人人都具备成为演说高手的潜质，但为何这个世界上的高手并不多呢？高手又是怎样炼成的呢？

1. 积累内容

我们看到，很多演说高手在讲台上总是旁征博引，滔滔不绝，有故事、有包袱、有内涵，让你不得不佩服他的博学多才。孙彦老师曾在经验分享时提到，自己的电脑中专门设有一个资料库，里面用不同的文件夹进行分类。平时，当他看到比较有趣，可用到课程中的故事，视频或实验等时，他就会以 PPT 的形式将其储存在文件夹中。所有的内容都不是信手拈来，一蹴而就的，一切才华都源自于平日的积累。

2. 风格与人设

近来，《战狼》捧红了吴京，别的不说，单看风格和人设，吴京的硬汉风格放

在特种兵身上特别符合,当风格符合人设,就会散发出强大的吸引力。所以说,好演员要选对剧本,好剧本要选对演员。相声界的岳云鹏也是如此,岳云鹏的能力在相声界并不出色,但后来,他发掘出自己的特有风格——贱贱撒娇风,居然逆袭,赢得了一众粉丝。如果反过来,让小岳岳演特种兵,让吴京演贱贱撒娇风呢,我的妈呀,那结果将难以想象。

人生如戏,戏如人生。根据自己的气质类型,设定好相应的演说风格,不要为演说而去表演一个陌生人。如果你是朴实的人就讲出真诚;如果你是幽默的人就讲出机智;如果你是炫酷的人就讲出精彩;如果你是博学的人就讲透智慧。

3. 刻意练习

曾听一位新东方的老师说,他们对新老师的培训要求之一是写备课的逐字稿。也就是说,一堂课要说的所有话,都要一个字一个字地写出来。假如你的语速是200字/分钟的话,要准备8小时的课,就要写 200×60×8＝96000 字。写完并没有结束,还要通过上级的审查,之后再修改,修改后再审查,如此循环 N 遍,才能获得讲课资格。这样几轮下来,所有的老师都不用再担心上课时会忘掉自己要说什么了,他们要担心的可能是自己一辈子都忘不掉这些词儿。当你在惊叹新东方老师的旁征博引、诙谐幽默、魅力四射时,你是否知道这背后的艰辛?因为他们曾经非常努力,才能做到让你看起来毫不费力。

我在开始转型做培训的时候,因为上课的机会不是很多,所以就参加一些演讲俱乐部,把我的课程拿到俱乐部去练习。每次轮到我讲的时候,我都会录音,如果有朋友一起去,我就让他们给我录像。录像的效果大于录音,因为录像可以很真实地把你在台上的动作、语言、表情等捕捉到位。演说结束以后,我会对当天的演说进行复盘。刚开始看到自己的录像时,我简直不忍直视:那么丑!那么挫!那么十三!深吸一口气,硬着头皮看完并做好记录:哪里丑?哪里挫?哪里十三?最后总结:下次怎样避免丑,避免挫,避免十三。看见是改变的开始。在下一次练习的时候,我就会特别注意自己要改进的那些点,针对性地进行练习,然后再复盘,循环往复。

转型路上,我看见许多大咖们都深谙此道,他们虽然风格迥异,但都有着共同的特点,那便是:持续精进,不断成长。

你也一样,当我们看完整本《演说心理学》,掌握了大咖给出的所有方法论后,不断练习和精进才是迈入高手之路的不二法门。

参考文献 References

[1] 戈登·德莱顿（Gordon Dryden）、珍妮特·沃斯（Jeannette Vos）. 学习的革命 [M]. 上海：上海三联书店，1997：85、87.

[2] David G. Myers. 社会心理学（第8版）[M]. 北京：人民邮电出版社，2008：29.

[3] 马丁·塞利格曼（Martin E. P. Seligman）. 真实的幸福 [M]. 沈阳：万卷出版公司，2010：3-5.

[4] David G. Myers. 社会心理学（第8版）[M]. 北京：人民邮电出版社，2008：311.

[5] R. Zajonc. Attitudinal Effects of Mere Exposure. *Journal of Personality and Social Psychology*，1968（2）：1-29.

[6] David G. Myers. 社会心理学（第8版）[M]. 北京：人民邮电出版社，2008：312.

[7] David G. Myers. 社会心理学（第8版）[M]. 北京：人民邮电出版社，2008：313.

[8] 弗洛伊德著，车文博主编. 弗洛伊德文集4 [M]. 长春：长春出版社，2006：121.

[9] 赛斯·高汀（Seth Godin）. 紫牛：从默默无闻到与众不同 [M]. 北京：中信出版社，2009：5-6、9.

[10] 约翰·梅迪纳（John Medina）. 让大脑自由 [M]. 北京：中国人民大学出版社，2009：58-59.

[11] David G. Myers. 社会心理学（第8版）[M]. 北京：人民邮电出版社，

2008：42-43.

[12] 约翰·梅迪纳（John Medina）.让大脑自由[M].北京：中国人民大学出版社，2009：180-181.

[13] Piazza, M., Mechelli, A., Butterworth, B., & Price, C. J. (2002). Are subitizing and counting implemented as separate or functionally overlapping processes? *NeuroImage*, 15, 435-446.

[14] 包益民.天下没有怀才不遇这回事[M].北京：中信出版社，2011：88-89.

[15] 丹·艾瑞里（Dan Ariely）.怪诞行为学[M].北京：中信出版社，2009：71-72.

[16] David G. Myers.社会心理学（第8版）[M].北京：人民邮电出版社，2008：181-182.

[17] 马丁·林斯特龙（Martin Lindstrom）.买[M].北京：中国人民大学出版社，2009：23，114.

[18] David G. Myers.社会心理学（第8版）[M].北京：人民邮电出版社，2008：187.

[19] Tom Stafford & Matt Webb.心理和脑——脑与心智历程100项[M].北京：科学出版社，2008：268.

[20] 菲利浦·津巴多，迈克尔·利佩（Philip G. Zimbardo, Michael R. Leippe）.影响力心理学[M].北京：人民邮电出版社，2008：76.

[21] 保罗·埃克曼（Paul Ekman）.说谎——揭穿商业、政治与婚姻中的骗局[M].北京：三联书店，2008：63.

[22] 乔艾琳·狄米曲斯，马克·马扎瑞拉（Jo-Ellan Dimitrius, Mark Mazzarella）.读人[M].天津：天津教育出版社，2009：36.

[23] 亚伦·皮斯，芭芭拉·皮斯（Allan Pease, Barbara Pease）.身体语言密码[M].北京：中国城市出版社，2008：3.

[24] 阿伯拉（Andrew Abela）.说服力演说是怎样炼成的——如何设计当场成交的PPT[M].北京：电子工业出版社，2010：X.

[25] David G. Myers.社会心理学（第8版）[M].北京：人民邮电出版社，2008：185.

[26] D. A. 本顿（D. A. Benton）. 揭秘总裁培训［M］. 北京：机械工业出版社，2000：150，177.

[27] D. M. 巴斯（David M. Buss）. 进化心理学——心理的新科学（第2版）［M］. 上海：华东师范大学出版社，2007：169.

[28] David G. Myers. 社会心理学（第8版）［M］. 北京：人民邮电出版社，2008：185.

[29] David G. Myers. 社会心理学（第8版）［M］. 北京：人民邮电出版社，2008：209.

[30] 斯科特·博克顿（Scott Berkun）. 演讲之禅——一位技术演讲家的自白［M］. 北京：机械工业出版社，2011：42-43.

[31] 戈登·德莱顿（Gordon Dryden）、珍妮特·沃斯（Jeannette Vos）. 学习的革命［M］. 上海：上海三联书店，1997：287.

[32] 雷纳德（Garr Reynolds）. 演说之禅：职场必知的幻灯片秘技［M］. 北京：电子工业出版社，2009：208.

[33] 约翰·梅迪纳（John Medina）. 让大脑自由［M］. 北京：中国人民大学出版社，2009：66.

[34] 斯科特·博克顿（Scott Berkun）. 演讲之禅——一位技术演讲家的自白［M］. 北京：机械工业出版社，2011：82.

[35] David G. Myers. 社会心理学（第8版）［M］. 北京：人民邮电出版社，2008：191-192.

修订后记

本书的修订已近尾声，回顾几个月的过程，创作体验跟当初完全不同，因为这些年我建立了自己的团队，已不是一个人在创作，而视角也更加多元化。团队本着 Learning by Doing for Changing 的理念，在每个章节后面都增加了 Try 部分的演练环节，我们希望大家在看完每个章节后都能学有所用，通过亲身实践，加深对概念的理解，达成改变。另外，书中的 Practice 部分，都是由作者团队成员的亲身经历书写而成，字字出自肺腑，希望他们的经验故事能给读者带来启发。

《演说心理学》的再版，还要感谢一位对我的职业生涯有着重要影响的人：北京亚细亚高智企业管理咨询有限公司的 CEO 郑振佑博士（Dr. Paul Jeong）。作为国际教练联盟（ICF）及国际教练协会（IAC）的大师级教练，我从您身上学到了一项宝贵的财富——状态！您用自己的生命演绎了一个充满激情、幽默又真诚的"培训师"，让我感受到在舞台上的"最佳状态"是如何激发自己并影响听众的。

另外，特别要感谢"秋叶 PPT 在线课程"品牌创始人、"知识 IP 大本营社群"创始人——秋叶大叔。作为国内新媒体运营大咖，感谢您在六年前鼓励我出版《演说心理学》，直到今天，依然给了我大力的支持。

最后，要感谢我的团队，感谢你们给予我超出同事和友谊的关心和帮助，感谢我的徒弟们——黄瑨、王琳、佘啸；感谢为此书提供实践故事的倪淑清、张晓萌、郑颖；感谢我的合伙人郑逸、董茗玉的大力支持，以及团队里每一位小伙伴们的协助！

2018 年 5 月 9 日

感谢我的团队

AHa幸福学院 导师天团

- 廖丽娟/廖廖
  AHa幸福学院联合创始人，毕生发展与亲子关系专业导师
- 郑逸
  AHa幸福学院联合创始人，执行副院长，匠鑫公司法人
- 蔡育明/老蔡
  AHa幸福学院联合创始人，激励领导力与心理资本专业导师
- 懂小慧
- 黑小丽
- 郁小白
- 黄小豚

AHa幸福学院 运营天团

本书主创团队

- 孙彦/Kevin Suen
  《演说心理学》原版作者；AHa幸福学院院长、联合创始人，学习体验与呈现艺术专业导师
- 佘黛
  AHa幸福学院2016级门徒，本书《影响力》部分编作者
- 王琳
  AHa幸福学院2017级门徒，本书《说服力》部分编作者
- 黄琪
  AHa幸福学院2016级门徒，本书《吸引力》部分编作者